essentials

Essentials liefern aktuelles Wissen in konzentrierter Form. Die Essenz dessen, worauf es als „State-of-the-Art" in der gegenwärtigen Fachdiskussion oder in der Praxis ankommt. *Essentials* informieren schnell, unkompliziert und verständlich

- als Einführung in ein aktuelles Thema aus Ihrem Fachgebiet
- als Einstieg in ein für Sie noch unbekanntes Themenfeld
- als Einblick, um zum Thema mitreden zu können

Die Bücher in elektronischer und gedruckter Form bringen das Fachwissen von Springerautor*innen kompakt zur Darstellung. Sie sind besonders für die Nutzung als eBook auf Tablet-PCs, eBook-Readern und Smartphones geeignet. *Essentials* sind Wissensbausteine aus den Wirtschafts-, Sozial- und Geisteswissenschaften, aus Technik und Naturwissenschaften sowie aus Medizin, Psychologie und Gesundheitsberufen. Von renommierten Autor*innen aller Springer-Verlagsmarken.

Martin Franz

Buy & Build-Transaktionen

Der Aufbau von Unternehmensgruppen in der Praxis

 Springer Gabler

Martin Franz
München, Deutschland

ISSN 2197-6708 ISSN 2197-6716 (electronic)
essentials
ISBN 978-3-658-49360-8 ISBN 978-3-658-49361-5 (eBook)
https://doi.org/10.1007/978-3-658-49361-5

Die Deutsche Nationalbibliothek verzeichnet diese Publikation in der Deutschen Nationalbibliografie; detaillierte bibliografische Daten sind im Internet über https://portal.dnb.de abrufbar.

Springer Gabler ist ein Imprint der eingetragenen Gesellschaft Springer Fachmedien Wiesbaden GmbH und ist ein Teil von Springer Nature.
Die Anschrift der Gesellschaft ist: Abraham-Lincoln-Str. 46, 65189 Wiesbaden, Germany

Was Sie in diesem *essential* finden können

- Die Klärung der Begriffe, Prinzipien und Prozesse eines starken Trends im Private Equity-Investment: Buy & Build
- Die wirtschaftlichen Hintergründe, die Akteure und die typischen Deal-Strukturen einer Buy & Build-Transaktion
- Die einzelnen Schritte der Transaktion von der Geschäftsanbahnung und Bewertung über LoI, Due Diligence und Fusionskontrolle bis hin zum Abschluss des Kaufvertrags und des Shareholder Agreements
- Die Post Merger-Integration (PMI), d. h. die wirtschaftliche Integration nach der rechtlichen Übernahme

Vorwort

Dieses Buch ist in gewisser Weise die Quintessenz aus einem Vierteljahrhundert als Wirtschaftsanwalt und General Counsel/Rechtsvorstand. In dieser Zeit habe ich einerseits Investoren und Targets bei M&A-Transaktionen anwaltlich beraten (darunter bei vielen Buy & Build-Transaktionen), andererseits als General Counsel die Bildung von internationalen Firmengruppe geleitet sowie die Post Merger-Integration von Zukäufen mitentworfen und durchgeführt.

Der Vorteil ist, dass ich so das Themenfeld aus allen Perspektiven kennengelernt habe: die Sicht der Investoren, die Sicht der Verkäufer und die betriebsinterne Sicht.

Bedanken möchte ich mich für wertvolle Anregungen und Kommentare von meinen Kollegen der Kanzlei Trustberg: Prof. Dr. Clemens Engelhardt, von dem auch die Idee zu diesem Buch stammt, und Irina Kharag.

München   Dr. Martin Franz
im Mai 2025

Inhaltsverzeichnis

.

Einleitung 1

„Buy and Build ist die Wertsteigerungsstrategie der Stunde."[1], „Die Buy &
Build Strategie hat sich als ein äußerst wirksames Werkzeug für Private-Equity-
Investoren etabliert."[2] Solche Aussagen hört man seit circa fünf Jahren häufig,
auch und gerade in Deutschland. Warum ist das so? Und was genau ist „Buy and
Build" (hier mit B&B abgekürzt) überhaupt?

1.1 Definition von Buy & Build-Transaktionen

B&B ist ein Begriff aus dem Bereich von M&A (Mergers & Acquisitions,
Unternehmenskäufe und Unternehmenszusammenschlüsse). M&A wird häufig
von Private Equity-Fonds (PE-Fonds oder nur PE) betrieben. PE kauft privat
gehaltene Unternehmen, die nicht an der Börse gehandelt werden. Der Gegensatz
zu PE-Fonds sind daher Aktienfonds, die öffentlich angebotene Unternehmen
(publicly listed companies) kaufen und verkaufen.

PE-Fonds kaufen Unternehmen in der Absicht, sie mit Gewinn wieder zu verkaufen. Der PE-Fonds kann das Unternehmen einerseits wieder privat an einen
oder mehrere andere PE-Fonds oder einen strategischen Investor (Großunterneh-
men derselben oder einer ähnlichen Branche) verkaufen. Andererseits kann er das
Unternehmen an die Börse bringen (go public, Initial Public Offering/IPO).

---

[1] Habdank (2022).
[2] Will, D.

Voraussetzung eines gewinnbringenden Verkaufs ist es, dass sich die wirtschaftlichen Kenndaten (Key Performance Indicators/KPIs) des gekauften Unternehmens während der Haltedauer durch den PE-Investor verbessern. Die wichtigsten KPIs sind Umsatz und Gewinn. PE-Investoren kaufen also privat gehaltene Firmen, versuchen während der Haltedauer (typischerweise 3 bis 7 Jahre) die KPIs zu verbessern, was zu einem Wertzuwachs (Value Creation) führt. Nach dem Wertzuwachs werden die Firmen dann mit Gewinn wieder verkauft.

Die entscheidende Frage ist nun: Wie genau wollen PE-Investoren Umsatz und Gewinn verbessern? Hier kommt die B&B-Strategie zum Zug. Während im normalen PE-Geschäft ein Unternehmen gekauft wird und dessen KPIs ohne weitere Zukäufe verbessert werden sollen (Eigenwachstum), soll bei B&B die Verbesserung der KPIs und damit der Wertzuwachs gerade durch den *Aufbau einer Unternehmensgruppe* erreicht werden. Damit steht eine Definition von B&B fest:

►Buy & Build ist eine Strategie, bei der PE-Fonds private Unternehmen aufkaufen („Buy"), daraus Unternehmensgruppen bilden („Build") und sich eine Wertsteigerung (Value Creation) bei Verkauf der Unternehmensgruppe (Exit) gerade durch die Synergieeffekte und Effizienzsteigerungen innerhalb der Unternehmensgruppe erhoffen. Häufig wird beim Aufbau mit einem Kernunternehmen (platform/Nukleus) begonnen, an das dann passende kleinere Unternehmen (add-ons, bolt-ons)[3] „angedockt" werden.

Die zu akquirierenden Unternehmen (Plattform und Add-ons) werden im Folgenden auch als Zielgesellschaften oder „Targets" bezeichnet. Wie genau in der Unternehmensgruppe der Wertzuwachs erreicht werden soll, wird in Abschn. 2.1 ausführlich dargelegt. Der gesellschaftsrechtliche Aufbau sieht schematisch so aus (Abb. 1.1).

Der PE-Fonds gründet eine Unternehmensholding, die zuerst das Plattformunternehmen und dann weitere Add-ons ankauft (es können natürlich mehr als drei sein und sind es meistens auch, aber drei gilt als Minimum, um von einer B&B-Strategie zu sprechen). Aus technischen Gründen wird meist noch eine oder mehrere Projektgesellschaften (Special Purpose Vehicles, SPV) dazwischengeschaltet.

---

[3] Die englischen Begriffe „platform" und „add-on" kommen aus dem IT-Bereich, woraus man bereits entnehmen kann, in welchen Bereichen die B&B-Strategie primär angewendet wird. Im Folgenden wird allerdings die deutsche Schreibweise „Plattform" mit zwei „t" verwendet.

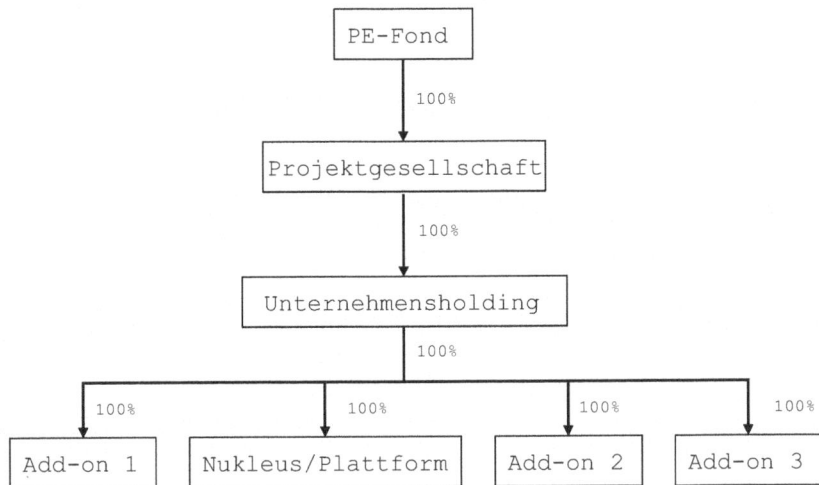

Abb. 1.1 Schematischer Aufbau einer B&B-Unternehmensgruppe. (Quelle: Eigene Darstellung)

1.2 Aufweichung der Definition

Die obige Grunddefinition hat inzwischen nach einigen Richtungen Aufweichungen erfahren.

So wenden nicht nur PE-Investoren die B&B-Strategie an, sondern auch Unternehmen selbst. D. h. ein Unternehmen, das in einem PE-Szenario der Nukleus wäre, sucht selbst nach Add-ons, um seine Marktmacht zu erweitern. Dabei wird dann häufig wieder Fremdkapital in Anspruch genommen, aber die Investoren sind hier nicht die Initiatoren des Aufbaus der Unternehmensgruppe, sondern nur die Kapitalgeber. Das ist an sich nichts Neues, denn große Unternehmen haben schon immer kleinere Unternehmen aufgekauft. Nur sollte man wissen, dass der Begriff B&B auch hier angewendet wird.

Ferner kann B&B im weiteren Sinn auch angewendet werden, wenn aus börsennotierten Unternehmen eine Unternehmensgruppe gebildet wird. Das ist eher untypisch, da B&B meistens einen fragmentierten Markt voraussetzt, während börsennotierte Unternehmen normalerweise bereits über eine gewisse Marktmacht verfügen. In den USA, wo Unternehmen häufig in einem vergleichsweise frühen Stadium an die Börse gebracht werden, kommt das aber vor. Damit würde z. B.

auch die Akquisition des börsennotierten LinkedIn durch Microsoft unter B&B fallen.
Im Folgenden wird der Begriff allerdings im engeren Sinn verstanden, d. h. B&B durch PE-Fonds.

1.3   Abgrenzungen von anderen M&A-Transaktionen

1.3.1   Traditionelles PE-Investment (Eigenwachstum)

Die Abgrenzung zum traditionellen PE-Geschäft mit Eigenwachstum ergibt sich aus der unterschiedlichen Wachstumsstrategie. Im „normalen" PE-Geschäft kauft der PE-Investor ein privates Unternehmen und versucht, dessen KPIs als *eigenständiges* Unternehmen zu verbessern. Der PE-Investor versucht beim Eigenwachstum nicht, durch Synergieeffekte bei Unternehmenszukäufen Wertzuwachs zu erreichen, sondern allein durch „interne" Verbesserungen der Strategie, der Effizienz etc. dieses einen Unternehmens. Man könnte von „Build ohne Buy" sprechen. Siehe Abschn. 2.1 für einen detaillierten Vergleich der Strategien.

1.3.2   Aktienfonds

Aktienfonds investieren in Unternehmen, die an der Börse gehandelt werden. Dieser Markt ist viel stärker konsolidiert und transparenter als der PE-Markt. „Geheimtipps" und „Hidden Champions" sind hier wegen der Öffentlichkeit der Börse und der intensiven Berichtspflichten börsennotierter Unternehmen eher nicht zu erwarten. Aktienfonds treffen ihre Investitionsentscheidungen daher eher aufgrund makroökonomischer Entwicklungen und nach eingehendem Studium von Unternehmensberichten. Sie greifen typischerweise auch nicht in die Unternehmensstrategie der Aktiengesellschaften ein. Der sog. aktivistische Aktieninvestor ist die Ausnahme, der aktivistische B&B-Investor dagegen die Regel.

1.3.3   Venture Capital

Venture-Capital-Investoren (VC-Investoren oder nur VC) sind Risikokapitalinvestoren, die in *ungetestete* Unternehmen/Geschäftsmodelle/Produkte/

Tab. 1.1 Unterschiede zwischen VC-Investor und B&B-Investor. (Quelle: Eigene Darstellung)

VC-Investor	B&B-Investor
ungetestetes Geschäftsmodell/Produkt	bewährtes Geschäftsmodell/Produkt
Startup	Mittelständler, größere Unternehmen
viele kleine Investments	wenige, eher große Investments
kaum oder kein Umsatz/Gewinn	solider Umsatz/Gewinn
Minderheitsbeteiligung	Mehrheitsbeteiligung
Bildung einer Unternehmensgruppe nicht beabsichtigt	Bildung einer Unternehmensgruppe beabsichtigt

Dienstleistungen investieren. Ihre Ziele sind primär junge Unternehmen (Startups), die häufig nur niedrige oder gar keine Umsätze erzielen und niedrige oder gar keine Gewinne vorweisen können. Sie erwerben für vergleichsweise wenig Geld (typischerweise € 150.000 bis € 2 Mio.) Minderheitsbeteiligungen an diesen Startups. Typisch ist die große Streuung, d. h. zahlreiche kleine Investments, um das Risiko auszugleichen. VC-Investoren sind sich bewusst, dass die meisten ihrer Investitionen fehlschlagen, weil das Startup entweder den Geschäftsbetrieb wieder einstellt oder mit Verlust verkauft wird. Sie hoffen aber darauf, dass vielleicht eines von fünf oder zehn Investments funktioniert und damit die Verluste aus den anderen Investitionen ausgleicht. VC-Investoren verkaufen ihre Beteiligungen typischerweise an PE oder strategische Investoren.

Abgesehen davon, dass sowohl VC-Investoren als auch B&B-Investoren in privat gehaltene Unternehmen investieren, haben sie sehr unterschiedliche Strategien (Tab. 1.1).

Wirtschaftliche Aspekte 2

Vor Klärung der rechtlichen Details soll hier zunächst der wirtschaftliche Hintergrund dargestellt werden: Was macht die B&B-Strategie so überzeugend? Was ist der Zusammenhang mit der Unternehmensnachfolge? Wie wirkt sich das in Wirtschaftsdaten aus?

2.1 Wertzuwachs bei B&B vs. Eigenwachstum

Der B&B-Investor will eine Wertsteigerung der gekauften Unternehmen nicht nur in den einzelnen Unternehmen, sondern speziell durch den Aufbau einer Unternehmensgruppe erreichen. Es geht hier um „Synergien- und Effizienzsteigerungen in der Gruppe". Das sind recht abstrakte Begriffe, aber man kann eine Reihe von typischen Szenarien ausmachen. Die Vorteile lassen sich gut in Abgrenzung von Versuchen des Wertzuwachses von vereinzelten Unternehmen beschreiben, dem Eigenwachstum. Die folgenden Fallgruppen geben natürlich nur eine Chance wieder, garantieren aber noch keinen Erfolg. Dazu ist zusätzlich eine erfolgreiche Post-Merger-Integration notwendig (siehe auch Kap. 6).

2.1.1 Geographische Expansion

Das ist vielleicht der am einfachsten nachvollziehbare Fall: Ein Plattformunternehmen hat in einem Land eine solide Marktstellung, nun möchte das

© Der/die Autor(en), exklusiv lizenziert an Springer Fachmedien Wiesbaden GmbH, ein Teil von Springer Nature 2025
M. Franz, *Buy & Build-Transaktionen*, essentials,
https://doi.org/10.1007/978-3-658-49361-5_2

Unternehmen in ein anderes Land expandieren. Dort muss es sich auf andere Kunden, mit einer anderen Sprache, anderen Marktverhältnissen, anderem Marketing, anderen rechtlichen Rahmenbedingungen, anderen Lieferketten etc. einstellen. Nach dem traditionellen PE-Ansatz (Eigenwachstum) müsste jetzt mit erheblichem Aufwand eine Markteintrittsstrategie ausgearbeitet werden, die einen hohen Aufwand an Beratern, Kosten und Zeit erfordert. Aber selbst dieser Aufwand garantiert in keiner Weise einen erfolgreichen Markteintritt in dieser Region, und die Beispiele gescheiterter geographischer Expansionen sind zahlreich.

Bei B&B wird der ganze Aufwand des Markteintritts ersetzt durch den Zukauf eines Unternehmens in dem jeweiligen Expansionsmarkt mit gleichen oder ähnlichen Produkten/Dienstleistungen. Auf den ersten Blick sind damit alle Probleme gelöst: Man muss „nur" das eigene Produkt in die Vertriebskanäle des Add-ons einbringen, und man hat so Zugang zum Markt des Ziellandes; das Add-on kann das Gleiche im Land des Plattformunternehmens tun. Etwas schwieriger ist es in der Praxis dann doch.

In abgeschwächter Form liegen die gleichen Probleme auch innerhalb eines Landes vor und sollen auch hier durch den Zukauf eines regional starken Partners gelöst werden.

2.1.2 Komplementäre Produkte

Der PE-Fonds kann auch versuchen, die Marktmacht des Unternehmens durch Zukauf von Unternehmen mit komplementären Produkten zu erweitern („Land and Expand", Cross-Selling). Das ist derzeit die in Deutschland wohl ausgeprägteste Strategie.

Beispiel 1 Unternehmen A vertreibt erfolgreich Unternehmenssoftware und hat einen soliden Kundenstamm. Die Unternehmenssoftware ist aber komplex, sodass zur Implementierung beim Kunden ein Implementierungsunternehmen erforderlich ist, was Unternehmen A nicht anbieten kann. Unternehmen B ist erfolgreich in der Implementierung von Unternehmenssoftware und hat ebenfalls einen soliden, aber anderen Kundenstamm. Es liegt nahe, dass der PE-Investor Unternehmen A und B kauft und integriert. Unternehmen A und B können hinsichtlich Softwarevertrieb und Softwareimplementierung aufeinander verweisen und so die Kundenzufriedenheit steigern und den Kundenstamm sichern. Ferner können sowohl Unternehmen A und B ihren Kundenstamm erweitern (wer komplexe Unternehmenssoftware kauft, braucht Implementierung; umgekehrt kauft derjenige, der Implementierung von Unternehmenssoftware beauftragt, normalerweise weitere Unternehmenssoftware).

In einem nächsten Schritt sucht der PE-Investor ein Unternehmen C, das komplexe Unternehmenssoftware anpasst, was weder Unternehmen A noch B anbieten. Dadurch können Spezialwünsche der Kunden befriedigt werden, was die Absatzmöglichkeiten von Unternehmen A und B steigert. Umgekehrt bekommt Unternehmen C über Unternehmen A und B mehr Aufträge zur Anpassung.

Beispiel 2 Unternehmen A bietet eine Unternehmenssoftware für Startups an, die einfach und billig ist, und hat gute Kontakte in der Startup-Szene. Unternehmen B bietet eine Unternehmenssoftware für Mittelständler an, die teurer und schwerer zu implementieren ist, aber auch leistungsfähiger. Unternehmen B hat gute Kontakte zu Mittelständlern, aber weniger zu Startups. Nun werden aber aus Startups irgendwann Mittelständler, d. h. Unternehmen A verliert den Kunden, während Unternehmen B nicht so einfach an ihn herankommt. Ein PE-Investor kann versuchen, Unternehmen A und B zu kaufen und zu fusionieren. So gehen die Kunden beim „Erwachsenwerden" nicht verloren, sondern werden innerhalb der Unternehmensgruppe weitergegeben.

2.1.3 Fragmentierte Märkte, Branchenkonsolidierung

B&B wird häufig in fragmentierten Märkten angewendet, die für Eigenwachstum uninteressant wären. B&B findet dann häufig vor dem Hintergrund einer allgemeinen Konsolidierung eines bestimmten Marktes statt.

Beispiel 1 Handwerksbetriebe beschäftigen im Durchschnitt vier Personen und mit einem Umsatz von ca. € 56.000 pro Person.[1] Für traditionelles Eigenwachstum ist das uninteressant. Es kann aber für die B&B-Strategie immer noch interessant sein. Das wurde zum Beispiel in der Energiekrise 2022 deutlich, als die Nachfrage nach Photovoltaikanlagen und Wärmepumpen stark anzog. Diese Anlagen dürfen nur von Elektrikern ans Stromnetz angeschlossen werden, während Photovoltaikanlagen meist nur von Dachdeckern installiert werden können etc. Die hohe Nachfrage nach alternativen Energien konnte wegen des Mangels an Installationspersonal nur verzögert befriedigt werden. In der Folge wurde versucht, hier Handwerksbetriebe zu bündeln, um Ressourcen für die Installation zu schaffen.

---

[1] Statistisches Bundesamt (2022).

Beispiel 2 Hausverwaltungen sind ebenfalls häufig Kleinbetriebe mit wenigen Mitarbeitern, rückständiger IT, veralteten Abläufen und beschränktem Kundenstamm. Auch hier würde sich eine Bündelung anbieten, die auf eine Modernisierung der Software, zentrale Buchhaltung und Rechtsberatung sowie effiziente und verschlankte Prozesse setzt.

2.1.4 „Big is Beautiful"

Der B&B-Investor kann schlicht auf die Summierung des Umsatzes/Gewinns der einzelnen Unternehmen in der Unternehmensgruppe setzen. Eine Unternehmensgruppe aus zehn Unternehmen und einem Gesamtumsatz von € 100 Mio. wird normalerweise höher bewertet als zehn unabhängige Unternehmen mit einem Umsatz von jeweils € 10 Mio. Durch die schiere Größe wird der Gesamtumsatz für sicherer, solider und krisenfester gehalten. Deshalb wird bei der Firmen(gruppen)-Bewertung ein anderer Multiplikator angesetzt.

Diese Art des Wertzuwachses durch den bloßen Zusammenschluss ist durch Eigenwachstum offensichtlich nicht möglich.

2.1.5 Herstellungs- und Lieferketten

Ein weiterer Grund für B&B ist die Integrierung von Herstellungs- und Lieferketten. Sobald die Produkte oder Dienstleistungen eines Add-ons für eine Plattform lebenswichtig werden, muss sich die Plattform fragen, wie sie das Risiko der Kündigung der Verträge durch das Add-on oder einen sonstigen Wegfall verkraften will. Dabei müssen Zeit und Kosten für eine eigene Herstellung und Lieferung (Eigenwachstum) gegen eine Übernahme abgewogen werden. Umgekehrt ist es auch für den Zulieferer oder Auslieferer eine riskante Situation, wenn irgendwann 70 % des Umsatzes von einem Auftraggeber abhängen.

Das beiderseitige Risiko lässt eine Übernahme häufig als günstige Lösung erscheinen, die noch durch den Wegfall bzw. die Konsolidierung der Marge des Zulieferers und weitere Synergie-Effekte versüßt wird.

2.1.6 Wissens- und Innovationstransfer

Der B&B-Investor kann auf Synergien bei Wissen und Innovation setzen. Auch hier ist wieder die Frage, ob der Aufbau der Expertise durch Eigenwachstum günstiger als durch Übernahmen ist bzw. ob der Aufbau überhaupt möglich erscheint. Bei B&B werden Programme aufgebaut, die der Verbreitung von Spezialwissen innerhalb der Firmengruppe dienen (Workshops, Panels, „Akademien"). Sofern der Mangel an Expertise die weitere Produktentwicklung der Plattform hemmt oder wenn sie durch entgegenstehendes geistiges Eigentum ganz blockiert wird (Patente, Urheberrecht, Designrechte etc.), kann es erheblich einfacher sein, den Eigentümer dieser Expertise oder dieser Schutzrechte zu erwerben, anstatt im Sinne des Eigenwachstums andere Lösungen zu finden, die diese Probleme umgehen. In diesen besonderen Fällen werden auch Startups erworben, die nicht profitabel sind, aber eine „Blocker-Funktion" haben könnten.

2.1.7 Synergien im HR-Bereich

B&B ermöglicht gebündelte Anwerbung, die Präsenz auf Job- und Bewerbermessen, Employer Branding etc., die für das einzelne Unternehmen zu teuer oder zu aufwendig wären. Bei der Bündelung mehrerer ähnlicher Unternehmen steigt die Wahrscheinlichkeit, dass der gesuchte Spezialist bereits in der Firmengruppe vorhanden ist. Durch Zukäufe im Ausland können neue Arbeitsmärkte erschlossen werden.

Beispiel Der Mangel an IT-Personal in Deutschland ist einer der Hauptgründe für den Ankauf von Software-Firmen in Osteuropa, die häufig über gut ausgebildete, günstige Software-Developer verfügen.

2.1.8 Synergien bei Operations, Finanzen, Recht

Ein Standardargument für B&B ist, dass dadurch bei Operations, Finanzen und Recht Geld gespart werden kann. Softwarelizenzen (und alles andere) können mit höherem Volumenrabatt eingekauft werden. Eine Rechtsfrage muss innerhalb der Gruppe nur einmal geklärt werden. Es gibt nur eine Dokumentvorlage für eine bestimmte Situation (Datenschutzrichtlinie, Arbeitsvertrag, Einkauf, Dienstvertrag, Werkvertrag, Lizenzierung). Das Accounting kann zentralisiert werden, Cash kann innerhalb der Gruppe gepoolt werden. Doppelrollen können abgeschafft werden, Verwaltung und Management werden schlanker. Diese Möglichkeiten sind bei Eigenwachstum nicht gegeben. Manchmal werden solche sog. „Shared Services" in der Holding gebündelt und für alle Mitglieder der Firmengruppe angeboten, um optimale Verfügbarkeit und Auslastung dieser Shared Services zu erreichen.

2.1.9 Psychologische Faktoren

Ein Einwand gegen die Übernahme durch PE-Investoren war und ist immer, warum diese Investoren ein Unternehmen eigentlich besser verstehen und anleiten können sollten als das existierende Management, das sich seit Jahren mit dem speziellen Produkt, der Dienstleistung, dem Markt, der Technik etc. bestens auskennt. Speziell bei inhabergeführten Unternehmen ist dabei mit einer gewissen Grundskepsis zu rechnen. Der Inhaber leitet sein Unternehmen seit langer Zeit mit nachweisbarem Erfolg (sonst würde der PE-Investor ihm kein Angebot machen), aber gleichzeitig muss der PE-Investor ihm erklären, was er ändern will, um die KPIs zu verbessern, was häufig als Kritik an der bisherigen Geschäftsführung angesehen wird. Es ist für PE-Investoren ein Drahtseilakt, die Verbesserungsmöglichkeiten aufzuzeigen, ohne das bestehende Management zu verprellen.

Die B&B-Strategie trifft nicht oder viel weniger auf diese Vorbehalte. Wenn der PE-Investor überzeugend darlegen kann, welche Synergieeffekte er innerhalb der zu bildenden Unternehmensgruppe erzeugen will, lässt sich das weniger als Kritik am bestehenden Management verstehen. Das Management des einzelnen Unternehmens bekommt ja etwas vorgeschlagen, was es als Management dieses Unternehmens allein nie leisten könnte. So wird auch inhabergeführten Unternehmen die Verkaufsentscheidung leichter gemacht.

2.2   Zusammenhang von B&B und Unternehmensnachfolge

B&B ist nicht auf Unternehmensnachfolge beschränkt, und Unternehmensnachfolge erfordert nicht notwendigerweise B&B. Praktisch werden diese Themen aber häufig kombiniert, besonders in Deutschland.

Der Grund ist, dass derzeit in Deutschland eine Generation in Rente geht, die viele mittelständische, profitable Unternehmen geschaffen hat, für die aufgrund der geburtenschwachen Jahrgänge kein Nachfolger zu finden ist. Für PE sind diese Unternehmen als Einzelne meist nicht groß genug. Für die Bildung von Unternehmensgruppen sind sie dagegen aufgrund ihres bewährten Geschäftsmodells und langjähriger solider Wirtschaftszahlen ideal.

Daher sind B&B-Fonds insbesondere auf der Suche nach Unternehmen mit Nachfolgeproblemen. Das geht so weit, dass B&B-Fonds gezielt im Handelsregister nach Geschäftsführer-Gesellschaftern von Betrieben in bestimmten Branchen suchen, die vor dem Rentenalter stehen, da hier die Chance auf einen Verkauf hoch ist.

2.3 Wirtschaftsdaten

In den USA scheinen die angeführten Vorteile von B&B die PE-Landschaft grundsätzlich zu prägen: 72 % der Buy-outs (hundertprozentige Übernahmen) fanden 2022 vor dem Hintergrund von B&B-Strategien statt.[2] In der EU sollen es 17 % aller M&A-Transaktionen sein.[3] In Deutschland stieg der Prozentsatz der Transaktionen mit B&B-Hintergrund in den Jahren 2012–2020 von 6 % auf 15 % aller M&A-Transaktionen an.[4] Im Jahr 2023 soll etwa jeder dritte Buy-Out in Deutschland einen B&B-Hintergrund gehabt haben.[5]

Natürlich sind solche Zahlen mit Vorsicht zu genießen. Während die Tatsache der Transaktion aus dem Handelsregister hervorgeht, gilt das für die dahinterstehende Strategie nicht. Eine Untersuchung für Deutschland fand aber 125 Transaktionen im Jahr 2022, die ein B&B-Konzept erkennen lassen (d. h. es gab ein Plattform-Unternehmen mit mindestens drei Add-on-Zukäufen), ausgeführt von 58 Fonds. Dabei standen Unternehmen aus dem Bereich Medien, IT und Kommunikation mit 31 Transaktionen an der Spitze, gefolgt von Gesundheit (29) und Pflege (19).[6] Weniger repräsentativ, aber auch erhellend ist die Aussage von Mandanten des Autors aus bestimmten Branchen mit einer bestimmten Unternehmensgröße, dass sie nahezu monatlich Anfragen von Fonds mit B&B-Strategie erhalten.

---

[2] MacArthur et al. (2023), S. 11.
[3] Roberts und Naydenova (2020), S. 48.
[4] Reis und Becker (2023).
[5] Habdank (2022).
[6] Scheuermann (2023).

Grundsätzliches zu B&B-Transaktionen   3

Im Folgenden werden die Akteure bei B&B-Transaktionen vorgestellt und Besonderheiten der Struktur einer B&B-Transaktion erklärt.

3.1 Akteure

3.1.1 PE-Investoren

Initiatoren von B&B-Transaktionen sind normalerweise PE-Fonds mit B&B-Strategie. Diese Strategie muss schon aus Marketinggründen im Voraus zumindest in groben Zügen feststehen. Meistens werden dabei auf den Marketingunter-lage des PE-Fonds die oben genannten Vorteile von B&B hervorgehoben, um Firmeninhaber vom Verkauf zu überzeugen. Die Zielunternehmen nach Branche, EBITDA (Earnings Before Interest Taxes, Depreciation and Amortization; Gewinn vor Zinsen, Steuern, Abschreibungen auf Sachanlagen und Abschreibungen auf immaterielle Vermögenswerte, vereinfacht gesagt: der operative Cashflow) und Investitionssumme dargestellt.

Die PE-Fonds müssen aber noch aus einem anderen Grund die Strategie vorab festlegen: Sie sind normalerweise zu einem erheblichen Teil fremdfinanziert und nehmen Akquisitionskreditlinien bei Banken in Anspruch (siehe Abschn. 3.1.2) Die Kreditlinien sind aber gewöhnlich auf bestimmte Targets beschränkt, damit das Risikoprofil des Kreditgebers eingehalten wird, sowohl geographisch (Deutschland, DACH, EU, weltweit?), der Größe nach (bestimmt nach EBITDA), der Branche nach etc. Die PE-Fonds müssen daher schon bei

M. Franz, *Buy & Build-Transaktionen*, essentials, https://doi.org/10.1007/978-3-658-49361-5_3

Vorauswahl der Targets auf diese Kriterien achten. Fällt während der Verhandlungen ein Kriterium bei einem Target weg (weil z. B. das EBITDA einbricht), scheidet das Target zwangsläufig aus.

3.1.2 Banken

B&B-Transaktionen sind (wie andere PE-Investitionen auch) zu einem erheblichen Maße fremdfinanziert (leveraged). D. h. dass die PE-Fonds den Kaufpreis für die Targets nicht vollständig aus Eigenmitteln bereitstellen, sondern Bankkredit in Anspruch nehmen. Die Bankkredite werden nicht an den PE-Fonds selbst, sondern an die Projektgesellschaft (SPV) oder die Holding ausgegeben. Zins- und Tilgung sollen zumeist aus den Dividenden der akquirierten Unternehmen getilgt werden; seltener wird das Darlehen erst aus den Erlösen des Verkaufs der Unternehmensgruppe (Exit) getilgt. Da die Haltedauer auf bis zu sieben Jahre geschätzt wird, liegt die Laufzeit der Kredite bei etwa sieben bis neun Jahren. Da es sich bei B&B-Transaktionen um Käufe von 100 % der Anteile (Buy Outs) handelt, sind B&B-Transaktionen in der Regel Leveraged Buy Outs (LBOs).

Der Ausdruck „leveraged" (wörtlich: gehebelt) kommt daher, dass durch die Fremdfinanzierung der Gewinn des PE-Fonds angehoben, eben „gehebelt" wird. Dazu ein vereinfachtes Rechenbeispiel:

Beispiel

Eigenkapital PE-Fonds:	€ 100 M
Fremdkapital Banken:	+€ 300 M
Kaufpreis Firmengruppe:	€ 400 M

Wird die Firmengruppe dann nach z. B. 6 Jahren für € 500 M wieder verkauft, sieht die Rechnung so aus:

Verkaufspreis:	€ 500 M
Rückzahlung FK Banken:	−€ 300 M
Eigenkapital PE-Fonds:	−€ 100 M
Gewinn PE-Fonds:	€ 100 M

Das sind 100 % Gewinn auf das eingesetzte Kapital (Return on Investment, RoI) in 6 Jahren. Zinsen kommen hier nicht vor, da die Zinsen aus dem laufenden Gewinn der Unternehmen gezahlt werden (sollen). Die Modellrechnungen der Branche sind teils noch erheblich optimistischer und hoffen auf einen RoI von 250 % und mehr, je nach Wertsteigerung der Unternehmensgruppe, verfügbares EBITDA der Firmengruppe, um die Kredite schon während der Laufzeit zu reduzieren (deleveraging), und dem eingesetzten Finanzierungshebel. Aus dem Rechenmodell sollte Folgendes klar werden:

- Natürlich hängt der Erfolg des Modells davon ab, dass die akquirierten Unternehmen die Zinsen der Akquisitionskredite mit den eigenen Gewinnen stemmen können, nur dann stellt sich ein positiver Leverage-Effekt ein. Niedrige Zinsen begünstigen also B&B-Transaktionen (so wie jede andere „gehebelte" Transaktion), steigende Zinsen können sie hemmen.
- B&B-Transaktionen funktionieren nur mit Unternehmen, die einen relativ hohen und verlässlichen EBITDA ausweisen können. Kommt das akquirierte Unternehmen während der Haltedauer in eine Ertragskrise, hat der PE-Fonds (bzw. sein SPV) sofort Probleme, die Kreditkosten zu finanzieren. Daher bedeutet ein Gewinneinbruch oder auch nur eine Gewinndelle während der Verhandlungen ein Risiko für die Durchführung der Transaktion.
- Kurz gesagt: nur wenn die Eigenkapitalrendite des Targets über die gesamte Haltedauer höher als der Zins (und gegebenenfalls die Tilgungsrate) ist, funktioniert die Kreditfinanzierung reibungslos.

Besichert werden die Kredite wie folgt:

- mit Garantien der akquirierten Unternehmen. Teilweise geben aus Praktikabilitätsgründen nicht alle akquirierten Unternehmen eine Garantie, sondern nur diejenigen, die einen wesentlichen Anteil am EBITDA der Unternehmensgruppe repräsentieren;
- mit den Anteilen an akquirierten Unternehmen;
- mit den Anteilen an der Holding selbst, auch den Rückbeteiligungen der Gründer. Das bedeutet für die Gründer eine echte „Kröte zu schlucken", insbesondere wenn die Transaktion im Rahmen einer Unternehmensnachfolge durchgeführt wird. Es wird verlangt, dass die Gegenleistung für das verkaufte Unternehmen teilweise, nämlich soweit sie als Rückbeteiligung an der Holding geleistet wird, gegebenenfalls an die Bank verpfändet wird. Andererseits ist der Wert der Rückbeteiligung in dem Fall, dass die Bank die

Sicherheit verwertet (weil die Kredite nicht wie geplant zurückgezahlt werden können), ohnehin deutlich reduziert und die Prognose des PE-Fonds hat sich nicht bewahrheitet. Aber natürlich wird ein Gründer, der sein Lebenswerk verkauft, auf einen hohen Cash-Anteil dringen, damit die Unsicherheiten um die Rückbeteiligung so wenig wie möglich ins Gewicht fallen.

3.1.3   Unternehmensinhaber („Gründer")

Zuletzt braucht man natürlich verkaufswillige Inhaber von Targets (im Folgenden der Kürze halber allgemein als „Gründer" bezeichnet, auch wenn sie die Unternehmen nicht zwangsläufig gegründet haben müssen).

Meist werden die Gründer von den PE-Fonds angesprochen. Die Informationsmaterialien der Fonds legen recht genau die erforderliche Branche und die erforderlichen KPIs fest, sodass die Gründer den Verkauf auch selbst initiieren können.

3.2   Struktur einer B&B-Transaktion

3.2.1   Asset Deal vs. Share Deal

Es gibt grundsätzlich zwei Möglichkeiten, wirtschaftliche Betriebe zu verkaufen: durch einen Unternehmensanteilskauf (Share Deal) oder einen Kauf von Wirtschaftsgütern (Assets) eines Unternehmens (Asset Deal). In beiden Fällen gehört einer juristischen Person (GmbH, AG etc.) eine Reihe von Gütern/Assets (Maschinen, Gebäude, geistiges Eigentum) bzw. hat diese juristische Person Verträge abgeschlossen (Arbeitsverträge, Mietverträge, Cloud-Services), die in ihrer Gesamtheit einen Wirtschaftsbetrieb ausmachen.

Beim Share Deal (siehe Abb. 3.1) werden die Anteile (Shares) an der juristischen Person verkauft (Geschäftsanteile bei der GmbH, Aktien bei der AG). Auf das Eigentum bzw. die Vertragsbeziehungen der juristischen Person hat das grundsätzlich keine Auswirkungen (eine Ausnahme sind Change-of-Control-Klauseln, dazu in Abschn. 4.3).

Beim Asset Deal (siehe Abb. 3.2) verkauft dagegen die juristische Person als Betriebsinhaber selbst die Assets und Verträge, die den Betrieb ausmachen, oder Teile davon (Carve Out). Es handelt sich dabei um ein Bündel von zahlreichen einzelnen Kaufverträgen und Vertragsübernahmen. Bei Vertragsübernahmen wird der Deal dadurch kompliziert, dass die Vertragspartner der Vertragsübernahme

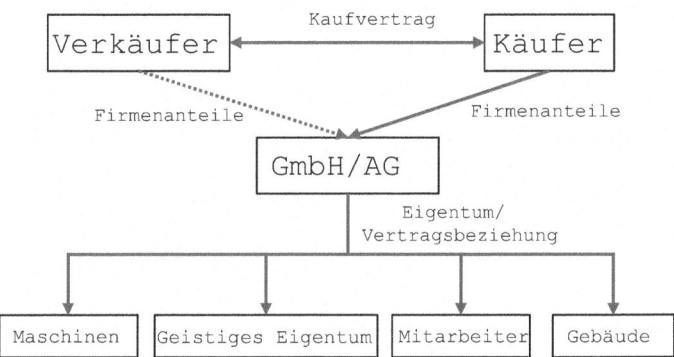

Abb. 3.1 Share Deal. (Quelle: Eigene Darstellung)

normalerweise zustimmen müssen. Zusätzlich sind Arbeitnehmerschutzbestim-
mungen zu beachten.

Im B&B-Geschäft ist der Share Deal der Standard. Er ist einfacher als der
Asset Deal, der gewöhnlicher eher zum Zug kommt, wenn Unternehmensteile
abgespalten werden sollen. Beim Aufbau von Unternehmensgruppe soll aber normalerweise der Betrieb als Ganzes übergehen. Sofern ein Betriebsteil nicht in
die Unternehmensgruppe passt, wird er gewöhnlich vor Durchführung des Share
Deals verkauft.

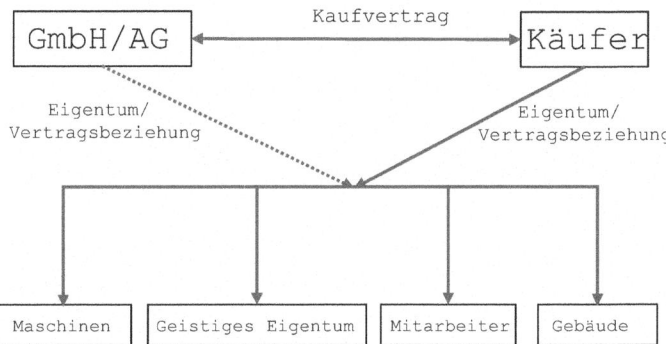

Abb. 3.2 Asset Deal. (Quelle: Eigene Darstellung)

Ausnahmen sind B&B-Fonds, die sich im Kauf von Ausgliederungen (Carve-Outs) spezialisiert haben. Hierbei werden Unternehmensteile, die nicht Teil des Kerngeschäfts sind, ausgegliedert und verkauft, weil der Firmeninhaber sie für Ablenkungen vom Kerngeschäft oder nicht ausreichend profitabel hält oder sie aus sonstigen Gründen loswerden will. B&B-Fonds sehen hier die Chancen auf schnelle Wertsteigerung. Erstens ist der Kaufpreis eher niedrig, weil der Firmeneigentümer das Nebengeschäft ohnehin loswerden will. Zweitens wurde das Nebengeschäft in der Vergangenheit meist stiefmütterlich behandelt und kann, gerade beim Zusammenschluss mit anderen Ausgliederungen und gezielter Förderung, schnell wachsen. Sofern das Nebengeschäft nicht schon vorher in einer eigenen Gesellschaft ausgegliedert war, kommt hier nur ein Asset Deal in Frage.

3.2.2 Mehrheits-/Minderheitsbeteiligung

Beim Share Deal kann entweder eine Minderheitsbeteiligung (weniger als 50 %) oder eine Mehrheitsbeteiligung (mehr als 50 %) verkauft werden. Bei einem hundertprozentigen Verkauf spricht man auch von einem „Buyout".

Im B&B-Geschäft verlangen die Investoren immer Mehrheitsbeteiligungen und fast immer Buyouts. Eine Firmengruppe mit Minderheitsbeteiligungen wäre keine wirkliche Einheit. Die Investoren brauchen volle Kontrolle über das akquirierte Unternehmen, um die Maßnahmen zur Effizienzsteigerung durchsetzen zu können.

3.2.3 Rückbeteiligung/Rollover

Bei einer B&B-Transaktion kommt es fast immer zu einer sogenannten Rückbeteiligung (Rollover, Share Swap). D. h., dass die Inhaber nicht oder nicht vollständig mit Geld bezahlt werden, sondern zumindest teilweise mit Anteilen an der übergeordneten Holding.

Beispiel Gründer 1 und 2 sind Inhaber des Unternehmens Add-on 1. Das Unternehmen wird mit € 10 Mio. bewertet. Ein PE-Fonds (bzw. die Unternehmensholding) will Add-on 1 kaufen und mit einem bereits gekauften Plattformunternehmen konsolidieren. Die Unternehmensholding wird mit € 100 Mio. bewertet. Die Situation vor dem Rollover sieht also so aus (Abb. 3.3).

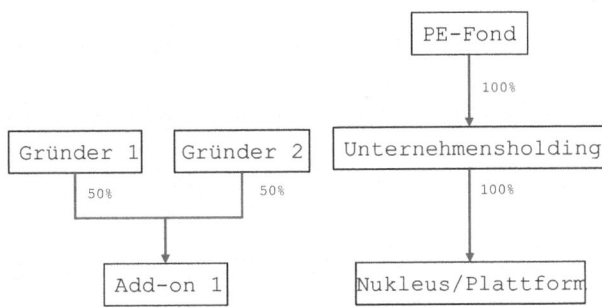

Abb. 3.3 Vor Rollover. (Quelle: Eigene Darstellung)

Jetzt wird vereinbart, dass die Gründer 1 und 2 zu 50 % in Geld und zu 50 % mit den Anteilen an der Unternehmensholding bezahlt werden. D. h. Gründer 1 und 2 bekommen jeweils € 2,5 Mio. in Geld (Cash-Out) und jeweils 2,5 % Anteile an der Unternehmensholding. Die Situation nach dem Rollover sieht dann so aus (Abb. 3.4).

Als Resultat werden die Anteile der Gründer 1 und 2 an Add-on 1 (teilweise) auf eine höhere Stufe, nämlich die Holding übertragen, mit demjenigen Anteil, der dem Wert des Unternehmens in der zukünftigen Unternehmensgruppe entspricht, abzüglich der Vergütung in Geld. Dieser Anteilstausch wird als Share Swap/Rollover bezeichnet.

Jetzt sollte klar werden, warum es für den PE-Fonds so wichtig ist, die Gründer von den künftigen Synergieeffekten innerhalb der Unternehmensgruppe zu

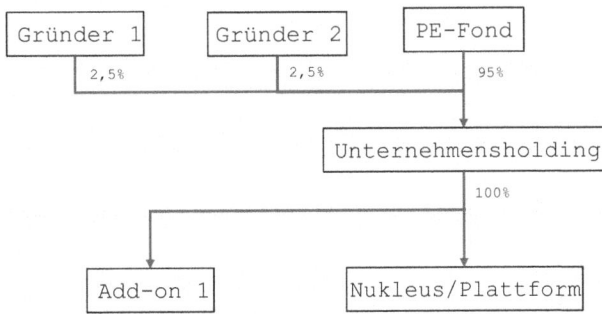

Abb. 3.4 Nach Rollover. (Quelle: Eigene Darstellung)

überzeugen: Von ihnen hängt die Bewertung der Unternehmensholding ab. Und davon hängt wiederum ab, wie viele Unternehmensanteile an der Holding die Gründer bekommen. Der PE-Investor wird häufig die gesamten Synergieeffekte der gesamten, „fertigen" Firmengruppe in die Bewertung der Holding einpreisen, auch solche, die von Add-ons abhängen, die noch nicht einmal gekauft wurden. Hier liegt offensichtlich ein großer Argumentationsspielraum.

Die Rückbeteiligung hat eine Reihe von Auswirkungen:

- Der PE-Fonds (bzw. die dem PE-Fonds gehörende Projektgesellschaft) wird verwässert (Dilution), d. h. er verliert prozentual gesehen Anteile und ist nicht mehr hundertprozentiger Eigentümer der Holding. Das ist ein Problem, wenn die Fremdkapitalgeber hundertprozentige Kontrolle über die akquirierten Targets verlangen. Da die Situation absehbar ist, muss diese Verwässerung im Voraus mit den Kreditgebern geklärt werden.

- Aber auch die Gründer können bei weiteren Zukäufen verwässert werden, d. h. ihr prozentualer Anteil an der Holding sinkt. Sie haben normalerweise keine Entscheidungsbefugnis darüber, ob und welche Targets zu welcher Bewertung von der Holding gekauft werden. Auch wenn der PE-Fonds den Gründern ein Konzept vorgestellt hat, bleibt die konkrete Umsetzung des Konzepts Sache des Fonds. Das ist nachvollziehbar, da erstens der PE-Fonds keine Garantie dafür abgeben kann, ob und welche weiteren Transaktionen gelingen. Zweitens würde ansonsten mit jeder Akquisition die Menge an Mitentscheidern wachsen. Daher haben die an die Gründer ausgegebenen Anteile an der Holding häufig auch keine oder nur wenige Stimmrechte, sondern nur Gewinnbezugsrechte. Häufig gibt die Holding verschiedene Klassen von Anteilen aus, z. B.:

  – Klasse 1: Anteile mit vollem Stimm- und Gewinnbezugsrechten. Der PE wird immer diese Art von Anteilen halten.

  – Klasse 2: Anteile ohne Stimmrechte, aber mit Gewinnbezugsrechten (Dividenden). An die Gründer werden häufig nur diese stimmrechtslosen Anteile ausgegeben. Sie profitieren wirtschaftlich wie die PE-Investoren, dürften aber in der Gesellschafterversammlung der Holding nicht mitentscheiden.

  – Klasse 3: Anteile ohne Stimmrechte, mit eingeschränkten Gewinnbezugsrechten. Z. B. können an die Gründer Anteile ausgegeben werden, die eine Beteiligung nur bei Verkauf der Holding (Exit) vorsehen.

In jedem Fall muss und wird der PE immer eine gesellschaftsrechtliche Konstruktion wählen, bei der er letztlich die alleinige Entscheidungsgewalt über die Holding und damit auch über die Tochterunternehmen behält.

- Den Gründern wird manchmal ein Verwässerungsschutz (Anti-Dilution Protection) zugestanden, d. h. sie können bei weiterer Akquisitionen der Holding im Verhältnis ihrer bestehenden Anteile (pro rata) mitinvestieren und so ihre Beteiligung konstant halten. Das setzt aber erhebliche Finanzreserven voraus, die die Gründer normalerweise nicht haben. Ferner war häufig eine Auszahlung der Gründer beabsichtigt, keine weiteren Investitionen. Die Anti-Dilution Protection wird daher nur in seltenen Fällen ausgeübt werden (können).

3.2.4 Besondere Ausgestaltungen der Rückbeteiligung

Rückbeteiligungsgesellschaften Man nehme an, dass das Konzept des B&B-Investors den Ankauf einer Plattform und 15 Add-ons vorsieht. Die Plattform sowie jedes Add-on haben im Durchschnitt vier Gründer. D. h. nach erfolgreicher Durchführung des Konzepts hat die Holding $16 \times 4 = 64$ Gesellschafter plus den PE-Fond. Agiert der B&B-Investor international, sitzen vielleicht auch noch drei Gründer in Österreich, fünf in Italien etc.

Das ist ein gesellschaftsrechtlicher Alptraum. Die Ladung und Durchführung von Gesellschaftsversammlungen wird praktisch sehr aufwendig und rechtlich fehleranfällig. Es besteht zudem die Gefahr, dass die ausländischen Rechtsordnungen am Sitz der Gründer eine Rolle spielen. Um all diese Probleme zu entschärfen, sehen die Konzepte von B&B-Investoren häufig die Bildung von Rückbeteiligungsgesellschaften in Deutschland (bzw. dem Land des Sitzes der Holding) vor: Die Gründer jedes Add-ons werden in diesen Gesellschaften gebündelt, und nur jeweils ein Vertreter jedes Gründer-„Stammes" tritt gegenüber der Holding auf. Dadurch wird die Struktur nach dem Rollover in Abb. 3.4 wie folgt modifiziert (Abb. 3.5).

Diese Struktur reduziert einerseits die Anzahl der Gesellschafter der Holding und vereinfacht ihre praktische Organisation und Administration (corporate house keeping). Andererseits wird bei einer internationalen Firmengruppe der Auslandsbezug aus den Rechtsverhältnissen der Holding weitgehend herausgehalten. Er entsteht erst „hinter" der (deutschen) Rückbeteiligungsgesellschaft und ist somit ein Problem der Gründer, nicht der Holding. Drittens können die Rückbeteiligungsgesellschaften auch dazu genutzt werden, um die Einflussmöglichkeiten der Gründer auf die Holding zu reduzieren. Wird die Rückbeteiligungsgesellschaft z. B. als GmbH & Co. KG konzipiert, kann die geschäftsführende Komplementär-GmbH vom PE-Fonds gehalten bzw. kontrolliert werden. Die Gründer sind „nur" KG-Kommanditisten, d. h. sie profitieren wirtschaftlich von der Holding, werden

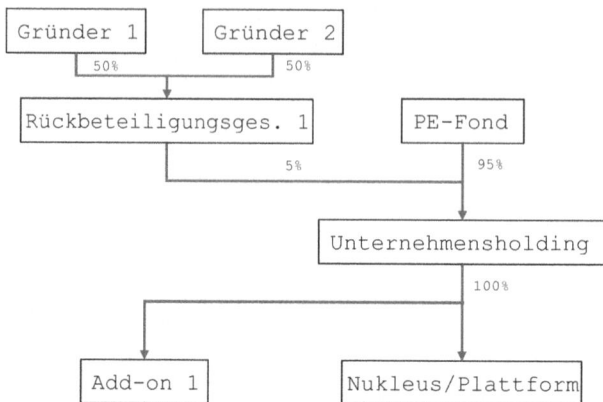

Abb. 3.5 Nach Rollover mit Rückbeteiligungsgesellschaft. (Quelle: Eigene Darstellung)

aber gegenüber der Holding durch die Komplementär-GmbH, d. h. letztlich durch den PE-Fonds selbst vertreten. So behält der PE-Fonds trotz der Beteiligung der Gründer die volle Kontrolle über die Holding.

Doppelkauf statt Anteilstausch Der Austausch der Anteile der Gründer an ihrem Add-on gegen Anteile der Holding kann als echter Tausch erfolgen (Abb. 3.6).

Das Problem ist hier, dass die jeweilige Bewertung der Anteile in den Verträgen festgelegt sein mag, es aber keinen Kaufpreis gibt, da das Rechtsgeschäft schon gar kein Kauf ist. Das kann das Misstrauen von Steuerbehörden und anderen Behörden auf den Plan rufen. Bei internationalen Transaktionen können auch Währungsumrechnungen eine Rolle spielen: Der Vertrag mag die Bewertung der Anteile in einer Währung vorsehen, aber die Vorschriften im Land der Gründer eine Umrechnung in die Landeswährung erfordern. Soll es jetzt eine

Abb. 3.6 Echter Anteilstausch. (Quelle: Eigene Darstellung)

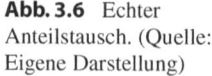
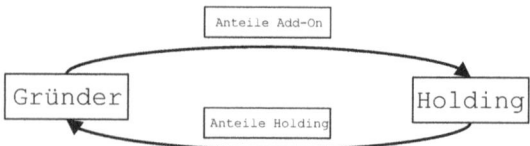

Abb. 3.7 Doppelkauf.
(Quelle: Eigene
Darstellung)

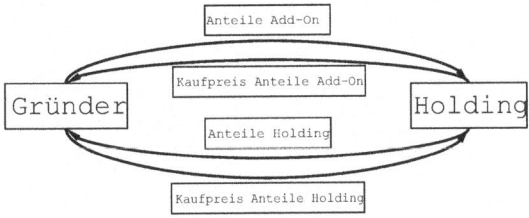

doppelte Bewertung in zwei Währungen geben und wie berücksichtigt man Währungsschwankungen? Ohne Kaufpreis hängt all das etwas in der Luft, und das Finanzamt verzeiht keine Zweideutigkeiten. Daher wird der Anteilstausch häufig als doppelter Kauf strukturiert. Die Gründer verkaufen der Holding ihre Anteile am Add-on und die Holding gibt Anteile an die Gründer gegen Bezahlung aus. Das wirtschaftliche Ergebnis ist dasselbe, aber es fließt zwei Mal Geld, sodass keine Bewertungsprobleme entstehen (Abb. 3.7).

In Wirklichkeit fließt dann häufig doch kein Geld, weil die jeweiligen Kaufpreise einfach verrechnet werden. Gründe dafür können schlicht die Kosten des Geldverkehrs und der Währungskonvertierung sein. Aber immerhin gibt es nun Kaufpreise, was Bewertungsdiskussionen für gewöhnlich abschneidet.

Debt Pushdown Eine weitere Komplikation der Deal-Struktur kann sich daraus ergeben, dass die Holding das Target nicht selbst kauft, sondern durch eine von ihr gegründete Projektgesellschaft (Special Purpose Vehicle, SPV) kaufen lässt. Die Holding gewährt dem SPV nach Gründung einen Kredit über den Kaufpreis für das Target. Das SPV, nicht die Holding selbst, schließt dann den Kaufvertrag mit den Inhabern des Targets ab. Nach dem Kauf hält das SPV 100 % der Anteile am Target und wird schließlich mit dem Target verschmolzen (Upstream Merger). Schematisch sieht die Transaktion so aus (Abb. 3.8).

Was ist der Grund für diese komplizierte Struktur? Der Kredit für die Akquisition des Targets wird auf das Target selbst übertragen (Debt Pushdown). Das Target trägt die Kosten für Zins und Tilgung der Akquisitionskosten dann selbst. Etwaige Gewinne des Targets werden mit dem Zinsaufwand verrechnet, was einen steuermindernden Effekt hat.

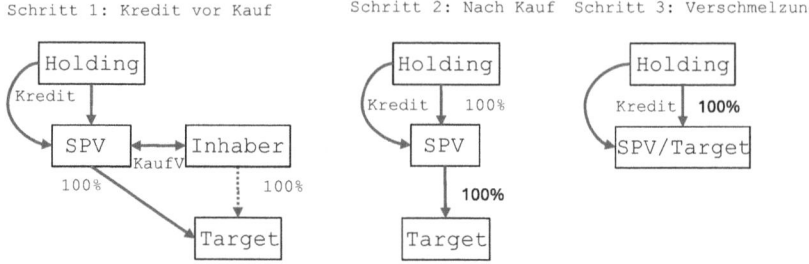

Abb. 3.8 Schritte beim Debt Pushdown. (Quelle: Eigene Darstellung)

Schritte bis zum Abschluss der bindenden Verträge

4

Der PE-Fonds beginnt immer mit einer generellen Idee, wo und wie erfolgreich konsolidiert werden könnte: In welcher Branche bei welchen Unternehmen ist eine Konsolidierung möglich und erfolgversprechend? Wo herrscht Fragmentierung, die aber wieder nicht so kleinteilig sein darf, dass sich der Gruppenaufbau nicht lohnt? Wo gibt es verkaufswillige Inhaber? Wo gibt es ein überzeugendes Potential für Synergien und Effizienzsteigerungen? Das setzt umfangreiche Marktanalysen voraus.

Ist eine Strategie einmal gefunden, werden die Targets angesprochen, und, bei Interesse der Inhaber, das B&B-Konzept vorgestellt.

4.1 Bewertung der Targets

Eigentlich müsste das Target nicht als einzelnes Unternehmen, sondern als Teil der Unternehmensgruppe bewertet werden. Man müsste die (erst noch zu schaffende) Unternehmensgruppe bewerten und die Bewertung des Targets daraus ableiten, wie viel Wertsteigerung das Target in die Unternehmensgruppe einbringt. Diese hypothetische Konstellation ist komplex, denn man muss bewerten, wie sich alle in Kap. 1 genannten Faktoren auswirken und wie wahrscheinlich das Eintreten dieser Synergieeffekte ist. Dabei müssten nicht nur die Synergieeffekte durch das derzeitige Target miteinberechnet werden, sondern auch die Synergieeffekte durch alle zukünftig noch zu akquirierenden Targets.

So wird aber höchstens gerechnet, wenn operative Unternehmen B&B betreiben. PE-Fonds rechnen jedoch zur Bewertung des Targets auch bei B&B-Strategien in der Regel nicht so, sondern bewerten das Unternehmen mit

M. Franz, *Buy & Build-Transaktionen*, essentials, https://doi.org/10.1007/978-3-658-49361-5_4

einem Vielfachen (Multiple) der KPIs, im Wesentlichen des EBITDA, was die gängigste Bewertungsmethode auch bei Eigenwachstum ist. Grund ist die Fremdfinanzierung, bei der ein bestimmtes EBITDA unabdinglich ist. Die Multiplen unterscheiden sich stark nach Marktlage, Unternehmensgröße und Branche, aber bewegen sich erfahrungsgemäß zwischen 8 und 12.

Wenn es dagegen um die Bewertung der Rückbeteiligung an der Holding geht, die die Gründer im Gegenzug bekommen, wird die noch zu schaffende Unternehmens*gruppe* vom PE-Fonds häufig mit allen Synergie- und Effizienzsteigerungseffekten (und allen damit verbundenen Unsicherheiten) bewertet. Es herrscht hier also ein gewisses Ungleichgewicht, was die Bewertungskriterien angeht.

Bei der Bewertung der Unternehmensgruppe durch die Banken ist es Verhandlungssache, ob und inwiefern künftige Synergieeffekte berücksichtigt werden dürfen.

4.2   Vorvertrag (LoI)

Kann der PE-Fonds den oder die Inhaber von einem Verkauf zu einem bestimmten Preis und von der Deal-Struktur überzeugen, wird ein Vorvertrag (Letter of Intent, LoI) abgeschlossen. Der LoI ist in den meisten Teilen rechtlich nicht bindend, bildet aber die wirtschaftlichen Eckdaten der Transaktion und das weitere Vorgehen bis zum Abschluss (Closing) der Transaktion ab. Rechtliche Aspekte werden häufig nur stichpunktartig genannt, aber Details nicht ausformuliert. So ist z. B. häufig von „üblichen Informationsrechten", „üblichen Gesellschaftervereinbarungen", „üblichen Garantien" etc. die Rede. Enthalten sind im LoI mindestens:

- Deal-Struktur (siehe Abschn. 3.2)
- Bewertung/Kaufpreis (siehe Abschn. 4.1)
- Anteil Cash/Anteil Rückbeteiligung an Holding/Klassen der Anteile (siehe Abschn. 3.2.3)
- Zahlungstranchen/Holdbacks (siehe Abschn. 5.1.3 unten)
- Bedingungen des Closings, Zieldatum
- Vertraulichkeit
- Exklusivität der Verhandlung und Konsequenzen des Abbruchs
- Recht und Gerichtsstand

Rechtlich bindend sind nur die Vertraulichkeit, die Exklusivität und die Konsequenzen des Abbruchs der Verhandlungen sowie Recht und Gerichtsstand. Alle anderen Bestimmungen sind nur Zielvorstellungen der Parteien zum Zeitpunkt des Abschlusses des LoI, die aber nicht bindend sind. Das bedeutet auch, dass keine Partei verpflichtet ist, einen bindenden Vertrag abschließen. Die Parteien sind nur verpflichtet, während der Exklusivitätsdauer (normalerweise 3 bis 6 Monate) die Due Diligence durchzuführen und nicht mit Dritten über einen Kauf (und normalerweise auch nicht über andere Investment-Formen) zu verhandeln.

Beim Abbruch der Verhandlungen wird häufig vereinbart, dass die Gründer die bisherigen Transaktionskosten (oder eine Pauschale) an den PE-Fonds zahlt. Damit sichert der PE-Fonds sich dagegen ab, dass er auf den erheblichen Kosten für Rechtsanwälte, Wirtschaftsprüfer und weitere externe Berater während der Due Diligence und der Verhandlung der bindenden Verträge sitzen bleibt. Ein typischer Verhandlungspunkt ist daher die Kostentragung und gegebenenfalls die Deckelung der zu erstattenden Kosten.

4.3   Due Diligence

Due Diligence (abgekürzt DD, wörtlich „erforderliche Sorgfalt") ist die eingehende Prüfung der Wirtschafts- und Rechtsverhältnisse des Targets vor dem Kauf. Die zu prüfenden Dokumente werden vom Target in einem Datenraum (data room) hinterlegt. Heute werden ausschließlich virtuelle Datenräume (virtual data rooms, VDR) verwendet. Das sind stark gesicherte Cloud-Speicher, bei denen die Hinterlegung von und der Zugriff auf die zu prüfenden Dokumente genau nachvollzogen werden kann.

Ein Data Room ist in etwa wie folgt gegliedert:

- General/Corporate:
  - Investoren-Präsentation (Pitchdeck)
  - Unternehmensgliederung (OrgChart)
  - Gründungsdokumente, Satzung, Shareholder Agreements, Gesellschafterversammlungen/-beschlüsse
  - Gesellschafterlisten (Cap Table)
- Finanzen & Steuern
  - Jahresabschlüsse der vergangenen Jahre
  - Budgets der kommenden Jahre
  - Andere Unternehmenskennzahlen (KPIs)

- Steuererklärungen und -bescheide
- Produkte und Verkaufszahlen (Products and Sales)
- Anlagevermögen (Assets)
  - Unbewegliches Vermögen (Real Estate)
  - Bewegliches Vermögen
  - Geistiges Eigentum (Intellectual Property, IP)
- Personalangelegenheiten (HR)
- IT
- Wichtige Verträge (Material Contracts, häufig über Vertragsvolumen definiert)
- Versicherungen
- Rechtliches (Legal): Rechtsstreitigkeiten, Vergleiche, Risiken etc.

Diese Dokumente werden von den Rechtsanwälten, Wirtschaftsprüfern und anderen Beratern (z. B. IT-Spezialisten) des PE-Fonds während der Exklusivitätsperiode auf Validität und Risiken geprüft. Dazu ein paar Bemerkungen:

- Ein typisches Risiko sind Kündigungsrechte bei Inhaberwechsel (Change of Control-Clause, CoC), da ein Inhaberwechsel bei einer B&B-Transaktionen immer vorliegt. Insbesondere Geschäftskunden behalten sich vor, bei Inhaberwechsel kündigen zu können, weil sie nicht mit einem Konkurrenten, Großkonzern oder Inhabern aus einem bestimmten Land zusammenarbeiten wollen. Aber auch Mietverträge, Lizenzen etc. können diese Klausel enthalten. In den wenigsten Fällen wird der CoC-Berechtigte bei einer B&B-Transaktion wirklich einen Grund für eine Kündigung sehen. Aber das Problem sollte vor dem Abschluss der Transaktion mit dem CoC-Berechtigten geklärt und die Hintergründe der Transaktion erklärt werden, wenn nötig im persönlichen Gespräch mit den Firmeninhabern. Auf keinen Fall sollte der Berechtigte aus der Presse oder von Dritten von der Transaktion erfahren, da er dann nur zur Sicherheit kündigen könnte. Idealerweise bestätigt der CoC-Berechtigte schriftlich, die Klausel wegen der Transaktion nicht auszulösen oder ganz auf sie zu verzichten.
- Die Prüfung sollte idealerweise transaktionsspezifisch verlaufen, d. h. es sollten gerade diejenigen Risiken geprüft werden, die für die spezielle Transaktion erheblich sind. Dabei wäre immer davon ausgehen, warum gerade dieses Target gekauft werden soll, und dann dieser Grund abzusichern. Häufig werden aber alle Dokumente von vorne bis hinten geprüft und die Ergebnisse dann in langen Prüfberichten (DD Reports) vorgelegt, auch wenn die Ergebnisse für die Transaktion eher irrelevant sind. Das nützt dem Kunden wenig, macht

aber die DD für die PE-Fonds häufig sehr teuer. Mit einer fokussierten Prüfung ließe sich häufig viel Zeit und Geld sparen.

4.4 Fusionskontrolle

Man könnte etwas überspitzt die Fusionskontrolle als den natürlichen Feind des B&B betrachten: B&B möchte durch Fusionen die Stellung im Markt ausbauen und dadurch Wettbewerbsvorteile erlangen; § 36 Abs. 1 des Gesetzes gegen Wettbewerbsbeschränkungen (GWB) sagt dagegen: „Ein Zusammenschluss, durch den wirksamer Wettbewerb erheblich behindert würde, insbesondere von dem zu erwarten ist, dass er eine marktbeherrschende Stellung begründet oder verstärkt, ist vom Bundeskartellamt zu untersagen."

In Wirklichkeit besteht hier ein recht großer Spielraum, und die Kartellbehörden werden B&B in den wenigsten Fällen untersagen. Der Ausbau der Marktstellung kann immer noch weit von einer marktbeherrschenden Stellung entfernt sein und ein Wettbewerbsvorteil durch Ausbau der Marktstellung bedeutet noch lange keine marktbeherrschende Stellung. Allerdings sollte die Pflicht zur Anmeldung einer Unternehmensübernahme immer im Auge behalten werden.

4.4.1 Voraussetzungen der Anmeldepflicht in Deutschland

In Deutschland besteht eine Pflicht zur Anmeldung von Zusammenschlüssen beim Bundeskartellamt gemäß § 35 GWG unter folgenden Voraussetzungen (etwas vereinfacht[1]):

- wenn die beteiligten Unternehmen *weltweit insgesamt* Umsatzerlöse von mehr als € 500 Mio. erzielt haben; und
- *im Inland* mindestens ein beteiligtes Unternehmen Umsatzerlöse von mehr als € 50 Mio. und ein anderes mehr als € 17,5 Mio. erzielt hat.

Oder

---

[1] Zu den zahlreichen Ausnahmen und Details bietet die Website des Bundeskartellamts einen guten Überblick, Bundeskartellamt (2025).

- wenn die beteiligten Unternehmen *weltweit insgesamt* Umsatzerlöse von mehr als € 500 Mio. erzielt haben; und
- *im Inland* mindestens ein beteiligtes Unternehmen Umsatzerlöse von mehr als € 50 Mio.; und
- der Wert der Gegenleistung für den Zusammenschluss mehr als € 400 Mio. beträgt; *und*
- das zu erwerbende Unternehmen in „erheblichen Umfang im Inland tätig ist."

Die Schwellen können bei größeren B&B-Projekten durchaus überschritten werden. Sie führen aber zunächst nur zu einer Pflicht zur Anmeldung des Zusammenschlusses, nicht zu dessen Untersagung.

„Zusammenschlüsse" liegen vor beim Erwerb der unmittelbaren oder mittelbaren Kontrolle über ein anderes Unternehmen oder beim Erwerb von insgesamt mindestens 25 % der Anteile an einem anderen Unternehmen (§ 37 GWB). Eine B&B-Transaktion wird immer ein Zusammenschluss sein.

4.4.2 Verfahren in Deutschland

Das Verfahren bei der Fusionskontrolle wird in §§ 39 f. GWG geregelt. Wird ein Zusammenschluss angemeldet, prüft das Bundeskartellamt in einer Vorprüfung („erste Phase") innerhalb eines Monats, ob ein Zusammenschluss vorliegt, „durch den wirksamer Wettbewerb erheblich behindert würde, insbesondere von dem zu erwarten ist, dass er eine marktbeherrschende Stellung begründet oder verstärkt". Ergibt sich bereits in der Vorprüfung, dass keine Untersagungsgründen vorliegen, gibt das Bundeskartellamt das Vorhaben vor Ablauf der Monatsfrist frei.

Ist eine weitere Prüfung erforderlich, leitet das Bundeskartellamt ein förmliches Hauptprüfungsverfahren ein („zweite Phase") und sendet dem anmeldenden Unternehmen innerhalb eines Monats den „Monatsbrief", dass es in die vertiefte Prüfung des Zusammenschlusses eingetreten ist.

Interessant ist das faktische Verhältnis zwischen Vorprüfungs- und Hauptprüfungsverfahren: Im Jahr 2024 standen 807 Anmeldungen nur 8 Hauptprüfverfahren gegenüber[2]. D. h. in ca. 99 % aller Fälle winkt das Bundeskartellamt Zusammenschlüsse innerhalb eines Monats durch.

Handelt es sich bei dem ganzen Verfahren also nur um eine lästige Formalität? Nicht ganz, denn die Anmeldung des Zusammenschlusses wird nach deren

---

[2] Bundeskartellamt (2025).

Eingang auf der Website des Bundeskartellamtes veröffentlicht. Damit ist „die Katze aus dem Sack" und die Vertraulichkeit dahin.

Die entscheidende Frage ist damit das Timing, also wann der Antrag beim Bundeskartellamt gestellt wird, der die Transaktion öffentlich macht und Vertraulichkeit zerstört. Im Detail ist die Abwägung nicht einfach, aber ein paar Grundsätze kann man aufstellen:

- Sicher vor dem Closing, da beim Verstoß gegen die Anmeldepflicht die Transaktion zivilrechtlich unwirksam ist und Bußgelder drohen.
- Nachdem man mit den Berechtigten einer Change of Control-Klausel zu einer Einigung gekommen ist. Erfährt der Berechtigte „aus der Zeitung" von dem Zusammenschluss und damit von dem Wechsel der Firmenkontrolle, könnte er die Kündigungsklausel „just in case" ausüben, was zu einer sehr unangenehmen Verhandlungsposition führen kann.
- Wenn absehbar ist, dass es sich tatsächlich um eine bloße Formalität handelt, sollte eher spät angemeldet werden, um die Vertraulichkeit möglichst lange zu wahren, aber immer noch so früh, dass keine Closing Dates gefährdet werden.
- Wenn tatsächlich die Möglichkeit einer Untersagung des Zusammenschlusses besteht, sollte eher nicht bis zum Schluss gewartet werden, da sonst die Gefahr besteht, dass erhebliche Transaktionskosten umsonst aufgewendet wurden.

4.4.3 Fusionskontrolle der EU

Es bleibt noch zu ergänzen, dass es auch auf der EU-Ebene Fusionskontrolle gibt. Hier sind die (vereinfachten) Voraussetzungen nach Art. 1 Abs. 2 der Fusionskontrollverordnung:

- ein weltweiter Gesamtumsatz aller beteiligten Unternehmen zusammen von mehr als € 5 Mrd. *und*
- ein gemeinschaftsweiter Gesamtumsatz von mindestens zwei beteiligten Unternehmen von jeweils mehr als € 250 Mio.

Zuständig für diese Verfahren ist die EU-Kommission. Wenn die EU-Kommission ausschließlich zuständig ist, findet die deutsche Fusionskontrolle keine Anwendung (§ 35 Abs. 3 GWG).

Bindende Verträge (Long-Form Agreements)

5

Eine B&B-Transaktion kann häufig 50 und mehr einzelne Dokumente umfassen. Im Folgenden werden nur die für eine B&B-Transaktion in jedem Fall notwendigen Verträge genauer dargestellt: Anteilskaufvertrag/Anteilskaufverträge (Share Purchase Agreement/SPA) und Gesellschaftervereinbarung (Shareholder Agreement/SHA). Daneben können erforderlich sein:

- Kündigung/Aufhebung des SHA auf Ebene des Targets, da es nur noch einen Gesellschafter (die Holding) gibt;
- Update des Gesellschaftsvertrags/der Satzung (Articles of Association, AoA) auf Ebene des Targets;
- Update Geschäftsführer-/Managerverträge des Targets, insbesondere, wenn die Inhaber-Geschäftsführer weiterbeschäftigt werden sollen;
- Update der Arbeitsverträge mit den Angestellten des Targets;
- Vereinbarung von Mitarbeiterbeteiligungen, entweder durch Optionen auf echte Anteile (Employee Stock Option Programm/ESOP) oder virtuelle (schuldrechtliche) Beteiligungen, die die wirtschaftlichen Vorteile echter Anteile abbilden (Virtual Stock Option Programm/VSOP).[1] Das ist gerade bei Übernahmen wichtig, da das Risiko besteht, dass die Mitarbeiter die Übernahmen zum Anlass nehmen zu kündigen.
- Vereinbarungen mit den Berechtigten von Change of Control-Klauseln (CoC clauses);

---

[1] Dazu Hahn (2023).

M. Franz, *Buy & Build-Transaktionen*, essentials, https://doi.org/10.1007/978-3-658-49361-5_5

- Korrekturen in der Unternehmensorganisation des Targets (corporate fixes), z. B. fehlende Gesellschafterbeschlüsse, Anmeldungen, Beurkundungen etc., die in der Due Diligence aufgefallen sind;
- Gründung von Rückbeteiligungsgesellschaften;
- Gesellschaftsrechtliche Zustimmungen wie Aufsichtsratsbeschlüsse und Gesellschafterbeschlüsse (Board Resolutions, Shareholder Resolutions) aller beteiligten Gesellschaften (Add-on, Plattform, Holding, Projektgesellschaft (SPV), PE-Fonds, Rückbeteiligungsgesellschaft);
- Beitritt der Gründer zum SHA der Holding (deed of adherence);
- Behördliche Zustimmungen: Dazu gehört die Fusionskontrolle (oben Ziffer Abschn. 4.4). Daneben könnten auch Investitionskontrollvorschriften bestehen, sowohl allgemein als auch für bestimmte Branchen (z. B. Rüstungsindustrie).

5.1 Kaufvertrag

Der Kaufvertrag bei einer B&B-Transaktion ist grundsätzlich ein normaler Anteilskaufvertrag/SPA[2] mit ein paar Besonderheiten. Im Folgenden werden primär die Besonderheiten hervorgehoben.

Normalerweise sind im Kaufvertrag mindestens folgende Regelungen enthalten:

- Präambel: Hier wird die Deal-Struktur noch einmal dargestellt
- Kaufgegenstand: Das Target, gegebenenfalls mit Tochterfirmen
- Kaufpreis/Anteile/Anteilsklassen
- Kaufpreisanpassungen
- Vollzugsbedingungen (Closing Conditions)
- Garantien mit Rechtsfolgen
- Haftung und Freistellung
- Steuern
- Vertraulichkeit
- Schlussbestimmungen: Recht, Gerichtsstand etc.

---

[2] Dazu Engelhardt (2023), Ziffer 5: Der M&A-Kaufvertrag.

5.1.1 Doppelter Kaufvertrag

Wie oben (Abschn. 3.2.4) dargestellt, kann es insbesondere im internationalen Bereich transparenter sein, statt eines Anteilstausches zwei Kaufverträge vorzusehen.

Anteile müssen nach dem Recht desjenigen Landes erworben werden, dem die jeweilige juristische Person unterliegt. Bei einem Anteilstausch kann es daher zu Schwierigkeiten des anwendbaren Rechts kommen, wenn Target und Holding unterschiedlichen Rechtsordnungen unterliegen. Das Problem wird gelöst, indem zwei Kaufverträge abgeschlossen werden, einer für den Kauf des Targets und ein weiterer für die Rückbeteiligung, wobei derjenige für den Kauf des Targets erheblich umfangreicher ist, um die Investition des PE-Fonds abzusichern.

Der Kaufpreis wird dann häufig verrechnet, wozu ein weiterer, separater Vertrag geschlossen wird.

5.1.2 Kaufpreis/Anteile/Klassen

Wie oben dargestellt (Abschn. 3.2.3), wird der Kaufpreis bei B&B-Transaktionen meist nicht vollständig in Geld bezahlt, sondern teils in Geld, teils in Rückbeteiligungsanteilen an der Holding. Der Kaufvertrag muss also festlegen:

- die Bewertung des Targets, normalerweise über ein Multiple des EBITDAs;
- die Bewertung der Holding. Hier besteht ein breiter Argumentationsspielraum, insbesondere, was die Einrechnung künftiger Synergie- und Wachstumseffekte betrifft;
- die Aufteilung des Kaufpreises in Geld und Rückbeteiligungen;
- die Aufteilung der Rückbeteiligung an der Holding in Klassen (vollberechtigte Anteile, stimmrechtslose Anteile, Anteile, die auf Exiterlöse limitiert sind etc.).

Zur Übersicht wird diesen recht komplizierten Berechnungen normalerweise eine Tabelle als Anhang beigefügt. Diese Tabelle ist das Herzstück des Deals und wird normalerweise schon dem LoI beigefügt.

5.1.3 Umgang mit Chancen und Risiken, Holdbacks, Earn-Outs

Ein Unternehmenskauf ist zahlreichen Risiken ausgesetzt: Jahresabschlüsse können sich als unrichtig erweisen und zu Steuernachzahlungen führen. Rechteketten für das vom Unternehmen erworbene geistige Eigentum können sich als unvollständig erweisen oder Rechte Dritter können verletzt sein. Vertragspartner drohen nach dem Closing mit Klagen wegen Vertragsverletzungen vor dem Closing. Das Target hat in der Vergangenheit Datenschutzbestimmungen verletzt. Wie ist damit umzugehen?

Einerseits soll die DD offenbare Risiken finden, was dann dazu führt, dass die Transaktion erst gar nicht stattfindet oder das Risiko über eine Kaufpreiskorrektur geregelt wird. Aber nicht jedes Risiko kann in einer DD gefunden werden. Daher werden andererseits in jedem Fall umfangreiche Zusicherungen (Representations & Warranties) vereinbart, dass bestimmte Sachverhalte vorliegen (z. B.: Der Jahresabschluss ist korrekt) bzw. bestimmte Risiken nicht vorliegen (z. B.: Keine existierenden oder drohenden Rechtsstreitigkeiten). Falls die Zusicherungen verletzt („gerissen") werden, müssen die Verkäufer (die Gründer) dem Käufer (der Holding) den Schaden ersetzen.

Damit die Holding dem Schadensersatz nicht „hinterherlaufen" muss, werden üblicherweise Teile des Kaufpreises und/oder der Rückbeteiligung zurückgehalten (Holdbacks) und erst in den Folgejahren in Tranchen an die Gründer ausgezahlt. Entsteht z. B. durch eine Fehlbuchung im Jahr nach der Transaktion eine Steuernachzahlung, wird der Schaden von der am Ende des ersten Jahres fälligen Auszahlungen des Holdbacks abgezogen. Üblich sind Holdbacks von 5 % bis 20 % über ein bis vier Jahre. Normalerweise werden auch Schwellen festgelegt, bis zu denen überhaupt kein Abzug stattfindet (de minimis-Regelung).

Spiegelbildlich dazu verhalten sich Earn-Outs, die eine Sondervergütung für die Gründer dafür sind, dass sich das Target positiv entwickelt. Normalerweise werden die Earn-Outs an eine positive Entwicklung des Umsatzes, des EBITDA oder anderer KPIs gekoppelt. Insbesondere wenn die Gründer Manager des Targets bleiben, sind Earn-Outs eine häufige Motivationsmaßnahme. Der Kaufpreis erhöht sich dann nachträglich, wenn die Gründer das Target erfolgreich weiterführen.

5.2 Gesellschaftervereinbarungen/SHA

Sowohl Satzungen (Articles of Association/AoA) als auch Gesellschaftervereinbarungen (Shareholder Agreement/SHA) regeln die Rechtsverhältnisse einer Gesellschaft und die Rechtbeziehungen der Gesellschafter untereinander. Allerdings wird die Satzung im Handelsregister veröffentlicht, während SHAs nicht veröffentlicht werden und vertraulich bleiben. SHAs enthalten daher auch nur Regelungen, die nicht veröffentlicht werden müssen. Veröffentlichungspflichtige Regelungen wie Name der Gesellschaft, Gesellschaftszweck, Höhe des Stammkapitals etc. müssen in der Satzung geregelt werden.

SHA können auf verschiedenen Ebenen eine Rolle spielen: Zunächst auf der Ebene des Targets. Hier haben vielleicht die Gründer ihre Rechtsverhältnisse in einem SHA geregelt. Mit der alleinigen Inhaberschaft der Holding wird jedoch jedes SHA eines Targets überflüssig. Es besteht kein Bedürfnis mehr nach Regelungen der Rechtsbeziehungen der Gesellschafter untereinander, weil es nur noch einen Gesellschafter gibt. Auf der Ebene des Targets werden SHAs im Rahmen einer B&B-Transaktion daher gekündigt.

Auf der Ebene der Holding ist ein SHA dagegen unabdinglich und es ist meist lang und detailliert. Der Grund ist, dass es das ganze B&B-Konzept abbilden muss, also insbesondere Regelungen treffen muss, wie nicht nur bestehende, sondern auch künftige Rückbeteiligungen zu behandeln sind. Das SHA kann nicht bei jedem Beitritt eines neuen Rückbeteiligungsgesellschafters neu ausgehandelt werden (das würde zu nahezu ständigen Verhandlungen über das SHA führen, die mit der ständigen Erweiterung des Gesellschafterkreises auch noch jedes Mal komplizierter würden), sondern muss (oder sollte zumindest) alle Eventualitäten so berücksichtigen, dass der neue Gesellschafter dem bestehenden SHA nur noch beitritt. Das bedeutet auch, dass die Inhaber des Targets, die über die Rückbeteiligung Gesellschafter der Holding werden, kaum Verhandlungsspielraum hinsichtlich des SHA haben. Die Gründer sollten sich das SHA der Holding daher frühzeitig ansehen.

Im Folgenden werden nur die wichtigsten Klauseln für das SHA der Holding vorgestellt.

5.2.1 Vinkulierung der Anteile

Das SHA einer B&B-Holding wird vorsehen, dass die Gründer ihre Rückbeteiligung an der Holding nicht frei verkaufen können, sondern nur im Rahmen eines

Gesamtverkaufs der Holding (Exit), den der PE-Fonds bestimmt. Die Anteile der Gründer sind somit „gefesselt" (vinkuliert).

Der PE-Fonds hat am Ende vor, die B&B-Holding samt den Tochterfirmen mit Gewinn zu verkaufen. Die Gründer hat der PE-Fonds an der Holding im Wesentlichen beteiligt, um Bargeld beim Kauf der Tochtergesellschaften zu sparen, und der PE-Fonds ist nur bereit, solche Gesellschafter am Exit aus der Unternehmensgruppe zu beteiligen, die zu deren Aufbau beigetragen haben. Dass „fremde" Gesellschafter in die Holding eintreten, ist daher nicht vorgesehen.

5.2.2 Drag-Along, Tag-Along

Das SHA einer B&B-Holding wird immer eine Mitverkaufsverpflichtung der Gründer vorsehen. D. h. wenn der PE-Fonds seine Beteiligung an der Holding verkaufen will, müssen alle Gründer ihre Rückbeteiligungen an der Holding mitverkaufen. Der PE-Fonds kann die Gründer beim Verkauf sozusagen „mitzerren" (Drag-Along). Grund ist, dass der PE-Fonds die Holding in der Regel nur zu 100 % verkaufen kann. Würden einzelne Gründer den Verkauf verweigern, könnte das Ziel des PE-Fonds, Unternehmen zu bündeln und mit Gewinn zu verkaufen, als Ganzes gefährdet sein.

Nicht zwingend notwendig, aber sachgerecht und üblich ist es, den Gründern ein Mitverkaufsrecht zu geben. Die Gründer dürfen, wenn der PE-Fonds seine Beteiligungen verkauft, bei dem Verkauf ihre Anteile „anheften" (Tag-Along). Da die Ausübung des Tag-Along-Rechts voraussetzt, dass der PE-Fonds sein Drag-Along-Recht nicht ausübt, der PE-Fonds aber genau das vorhat, handelt es sich lediglich um eine Absicherung der Gründer, die selten relevant werden wird.

5.2.3 Good Leaver/Bad Leaver

Sofern die Gründer Geschäftsführer/Manager des Targets bleiben sollen, ist es üblich, Good Leaver-/Bad Leaver-Klauseln zu vereinbaren. Der Bad Leaver ist derjenige Geschäftsführer/Manager, der seinen Job willkürlich aufgibt, indem er kündigt oder schlicht faktisch nicht mehr arbeitet. Der Good Leaver ist derjenige Geschäftsführer/Manager, der zur Aufgabe gezwungen wird, weil Unmögliches oder Illegales verlangt wird oder weil er nicht mehr arbeiten kann (Berufsunfähigkeit, Tod). In diesem Fall werden die Rückbeteiligungen an die Holding zurückübertragen (automatisch oder durch Ausübungen einer entsprechenden Option der Holding). Die Klauseln gelten normalerweise für eine Dauer von bis

zu vier Jahren und der Rückfall der Anteile wird entsprechend gestaffelt (100 %
bei Ausscheiden innerhalb des ersten Jahres, 75 % zwischen ein und zwei Jahren
etc.).

Aus Sicht der PE-Fonds ist es wünschenswert, dass der Bad Leaver nicht
oder zumindest nur zum Buchwert abgefunden wird, was beim Good Leaver
unangemessen wäre, er bekommt normalerweise den Verkehrswert. Diese Aus-
gestaltungen gab es und gibt es noch immer. Allerdings wurden sie von der
Rechtsprechung immer wieder für unwirksam erklärt, wenn sie den Ausschei-
denden unangemessen benachteiligen. Die genaue Ausgestaltung, d. h. wie weit
man die Abfindung des Bad Leavers reduzieren kann, ohne die Unwirksamkeit zu
riskieren, bleibt eine Gratwanderung und Herausforderung für Anwälte, die die
einzelfallbezogene und veränderliche Rechtsprechung im Auge behalten müssen.

Post-Merger Integration

6

Post-Merger Integration (PMI) lässt sich in etwa mit „Integration nach einer Unternehmensübernahme" übersetzen. Man beachte, dass das Wort „Merger" hier nicht rechtlich, sondern betriebswirtschaftlich verstanden wird. Es ist in den seltensten Fällen beabsichtigt, aus der Plattform und den Add-ons durch eine rechtliche Verschmelzung eine einheitliche juristische Person zu bilden. Sofern sich Plattform und Add-on in verschiedenen Ländern befinden, ist das ohnehin nicht oder nur mit großem Aufwand möglich. PMI bedeutet daher in der Regel nur die betriebsorganisatorische Verschmelzung von separaten juristischen Personen.

Man kann mit einigem Recht behaupten, dass nach dem rechtlichen Closing die eigentliche Aufgabe des „Build" erst beginnt. Die rechtliche Verflechtung der Unternehmen ist in der Regel nur die Voraussetzung der Synergieeffekte, nicht ihr Eintreten. Manche Probleme des Eigenwachstums, die man durch B&B vermeiden wollte, treten in der PMI-Phase doch wieder auf, z. B. der „Kulturschock" neuer Absatzgebiete als „Kulturschock" einer anderen Unternehmenskultur.

Im Folgenden werden übliche Maßnahmen aufgelistet, typische Probleme aufgezeigt und Lösungen vorgeschlagen.

6.1 Typische PMI-Maßnahmen

Im Folgenden wird ein Überblick über die Maßnahmen der PMI gegeben. Selbstverständlich erhebt diese Liste keinen Anspruch auf Vollständigkeit, sondern muss je nach Branche, Unternehmensgröße, Region etc. angepasst werden.

© Der/die Autor(en), exklusiv lizenziert an Springer Fachmedien Wiesbaden   43
GmbH, ein Teil von Springer Nature 2025
M. Franz, *Buy & Build-Transaktionen*, essentials,
https://doi.org/10.1007/978-3-658-49361-5_6

- Top-Management
  - Festlegung der PMI-Maßnahmen
  - Regelmäßige Treffen zur Kontrolle der Umsetzung und gegebenenfalls Beschluss weiterer Maßnahmen
- Rechtsabteilung
  - Einbindung in dringende Angelegenheiten (Rechtsstreitigkeiten, laufende Verhandlungen)
  - Prüfung der bestehenden rechtlichen Strukturen/Verfahren und gegebenenfalls Anpassung
  - Ausarbeitung von Verträgen innerhalb der Unternehmensgruppe (Intercompany Agreements) mithilfe der Finanzabteilung und der Wirtschaftsprüfer. Das Hauptproblem ist das Transferpricing, d. h. dass die Intercompany Agreements aus steuerlichen Gründen einem Drittvergleich standhalten müssen (be at arm's length): Hätte ein unternehmensfremder Dritter den Vertrag zu gleichen oder ähnlichen Bedingungen abgeschlossen?
  - Einigung auf ein Verfahren für Vertragsabschlüsse: Bestellsystem (Purchase Order System), interne Genehmigungen, rechtliche Prüfung
  - Festlegung der Befugnisse für die Unterzeichnung von Verträgen
  - Überprüfung und Konsolidierung von Versicherungen
  - Überprüfung und Konsolidierung von geistigen Eigentumsrechten (Intellectual Property/IP) wie Marken, Patente, Urheberrechte etc.
  - Überprüfung und Konsolidierung von Richtlinien generell. Sinnvoll sind globale Richtlinien (wo Regeln vereinheitlicht werden können) und lokale Zusätze (wo Regeln nicht vereinheitlicht werden können)
- HR
  - Konsolidierung der Mitarbeiterlisten
  - Anpassung der Mitarbeiterhandbücher und -regeln
  - Aktualisierung der Arbeitsverträge
  - Prüfung der bestehenden Zusatzleistungen, eventuell Konsolidierung (nichts kann mehr Unzufriedenheit hervorrufen als ein Urlaubstag mehr in einem Unternehmen der Gruppe gegenüber einem anderen)
  - Entwurf eines ESOP/VSOP mithilfe der Rechtsabteilung, um das Personal zu halten
- Beschaffung
  - Zentralisiertes Beschaffungsverfahren für Einkäufe und Auftragnehmer
  - Vereinheitlichung von Kauf-, Entwicklungs- und Zuliefervereinbarungen sowie von Verfahren zur Erstellung, Überprüfung, Genehmigung und Abschluss solcher Vereinbarungen

- Kundenbetreuung: Es ist zu prüfen, ob und wo eine Vereinheitlichung sinnvoll ist. Manchmal kann die Vereinheitlichung/Übertragung von Kunden diese abschrecken und dazu führen, dass sie verloren gehen.
  - Wo Kunden übertragen werden: Verfahren für die Benachrichtigung/ Genehmigung der Übertragung
  - Vereinheitlichung der Verkaufs-/Vertriebskanäle
  - Vereinheitlichung/Anpassung von Kundenverträgen, AGB (Terms of Service), Privacy Policy etc.
  - Vereinheitlichung von Kundenmanagement, Beschwerdemanagement etc.
- Operations/IT
  - Vereinheitlichung von Tools und Software
  - Zentralisierung von Volumenlizenzen
  - Zentralisierung von Internet-/Cloudservices
- Finanzen
  - Zugang zu Bankkonten und bestehenden Berichtssystemen
  - Prüfung der bestehenden Berichts- und Buchhaltungsstruktur
  - Vereinheitlichung des Berichts- und Buchhaltungswesens

6.2 Probleme

Es wird geschätzt, dass in weniger als 50 % der Fälle die beabsichtigten Synergie- und Effizienzeffekte tatsächlich eintreten.[1] Die Gründe sind sicher sehr einzelfallbezogen, aber es lassen sich Fallgruppen erkennen.

6.2.1 Transaktionsgeschäft und Unternehmensalltag

Ein Grund, warum die Probleme des PMI von den am Transaktionsgeschäft Beteiligten häufig unterschätzt werden, ist der große Unterschied zwischen Transaktionsgeschäft und Unternehmensalltag:

Die Beteiligten des Transaktionsgeschäfts (externe Berater, PE-Manager, Inhaber, Unternehmensleiter sowie die Leiter der Rechts- und Finanzabteilungen) werden für ihre Anstrengungen gut und häufig nach Aufwand bezahlt. Sie sind auf das alles entscheidende Closing-Date fixiert, und je näher das Datum rückt, umso mehr Arbeitsbelastung wird in Kauf genommen. Nachtschichten sind üblich. Ein Scheitern des Closings wäre neben dem finanziellen Schaden eine

---

[1] Engelhardt (2023), S. 18.

Blamage für alle Beteiligten, und meistens führt der große äußere und innere Druck doch zu einem erfolgreichen Abschluss der Transaktion.

Bei der PMI ist das anders. Die Beteiligten der PMI auf operativer Ebene werden nicht extra für die PMI bezahlt; es ist nur eine zusätzliche Aufgabe bei gleicher Bezahlung und Arbeitszeit, die meist nur „nebenbei" erledigt werden kann. Es gibt normalerweise kein Datum, zu dem die PMI fertig sein muss. Es ist überhaupt viel schwieriger, den Erfolg von PMI zu definieren und zu messen als ein erfolgreiches Closing. Sicher, das EBITDA der Unternehmensgruppe soll sich erhöhen, aber wo genau soll die Erhöhung herkommen? In gewisser Weise ist PMI auch nie fertig (so wie das Closing „durch" ist), sondern ein andauernder Prozess. Dann gibt es für die Mitarbeiter auch wenig Grund, sich zu beeilen.

6.2.2   Sprachprobleme im engeren und weiteren Sinn

Sprachprobleme treten zunächst international auf. Die Akteure des Transaktionsgeschäfts können in der Regel gut Englisch. Transaktionsanwälte, Wirtschaftsprüfer, Top-Manager etc. haben normalerweise Teile ihrer Ausbildung oder ihres Berufslebens im englischsprachigen Ausland verbracht und haben zumindest in ihrem Fachgebiet keinerlei Verständnisschwierigkeiten.

Ganz anders kann es zwei oder drei Ebenen darunter aussehen, wo die PMI tatsächlich stattfinden soll. Bei der ersten Videokonferenz kann sich herausstellen, dass eine oder beide Seiten Englisch vielleicht akzeptabel lesen und schreiben, aber mangels Praxis nur schlecht sprechen können. Nach einer Stunde von Radebrechen und gegenseitigem Aneinander-vorbei-Reden mögen beide Seiten beschließen, auf dieses peinliche Erlebnis in Zukunft zu verzichten, nur noch schriftlich zu kommunizieren und das auch nur, wenn unbedingt nötig. Für komplexere Probleme ist das keine gute Voraussetzung.

Aber Sprachprobleme im weiteren Sinn können auch innerhalb einer Sprache auftreten. Verschiedene Unternehmen haben unterschiedliche Kommunikationsformen. Startups haben Vorbehalte gegen Großbetriebe mit ihren Regeln („Spießer"), Großbetriebe gegen Startups mit ihrer Spontanität („Chaoten"). Man sagt „Du" oder „Sie". Man fasst E-Mails sachlich und knapp, oder man kommuniziert emphatisch, persönlich und mit vielen Emojis. Wenn diese Kommunikationsformen aufeinanderstoßen, können Missverständnisse und Verstimmungen nicht ausbleiben. Die Mitarbeiter haben eine Unternehmenskultur meist bewusst gewählt und haben nun das Gefühl, dass die jeweilige Kultur unter Druck gerät oder ihnen sogar „weggenommen" wird. Dagegen wird dann aktiver oder passiver Widerstand geübt.

6.2.3 Anpassungsprobleme

Aus Sicht der Angestellten, die gewöhnlich niemand gefragt hat, ob sie mit einem anderen Unternehmen fusionieren wollen, stellt sich PMI als Veränderung dar, die sie nicht gewollt haben. Sie haben einstudierte Prozesse, Werkzeuge, Kommunikationsmittel und -weisen, die sie in aller Regel deshalb gewählt haben, weil sie sie für die besten halten, und diese haben sich bewährt.

Bei der Fusion sollen nun diese bewährten Prozesse, Werkzeuge, Kommunikationsmittel etc. abgeschafft und durch andere ersetzt werden. Aus Sicht der übernommenen Angestellten ist das in der Regel eine Verschlechterung gegenüber den bewährten Prozessen und Mitteln und in jedem Fall zusätzlicher Aufwand. Im großen Ganzen der Unternehmensgruppe mag die Änderung Sinn ergeben. Aber man muss einfach sehen, dass das zunächst nicht die Perspektive der „übernommenen" Angestellten ist. Und kurzfristig, d. h. während einer Übergangsphase, wird die Effektivität zunächst einmal sinken, da sicher nicht alle Änderungen auf Anhieb reibungslos funktionieren werden. Man entwickelt, produziert und vertreibt erst einmal nicht mehr, sondern diskutiert über Prozesse und Zuständigkeiten.

Frustration kann da nicht ausbleiben. Es wurden schon Glaubenskriege über die Nutzung von Teams, Slack oder Discord geführt. Und häufig werden offiziell abgeschaffte Prozesse, Tools etc. im „Untergrund" weitergenutzt, was dann zu fatalen Problemen führen kann.

6.2.4 Unternehmenssoziologische Probleme

Man wird in der Regel nicht gerne übernommen. Die Übernahme kann für den Übernommenen Züge einer Niederlage haben. Man ist nicht mehr unabhängig, man fühlt sich auf einmal als Untertan des Plattformunternehmens oder der Holding.

Häufig wird, um diesem Gefühl entgegenzuwirken, schon während der Transaktion vereinbart, dass Angestellte eines Add-ons beim Plattformunternehmen leitende Rollen übernehmen. Aber auch das kann nach hinten losgehen: Nun fühlen sich entscheidende Mitarbeiter der Plattform zurückgesetzt, die „nur wegen der Übernahme" bei einer Beförderung übergangen oder auf sonstige Weise ungerecht behandelt werden. Im schlimmsten Fall kündigen sie aus Frustration, und man hat durch den Zukauf nicht mehr, sondern weniger Expertise.

6.3   Lösungen

Die hier vorgeschlagenen Lösungen erheben nicht den Anspruch, neu und origi-
nell zu sein oder jedes Problem lösen zu können. Grundsätzlich sind die Lösungen
bekannt, der Aufwand und die Kosten werden jedoch häufig unterschätzt.

6.3.1   „Alle Probleme sind lösbar"

Sind wirklich alle Probleme lösbar? Das darf man bezweifeln. Manche Unternehmen passen einfach nicht zueinander. Wenn sich Probleme der Unternehmenskultur schon im Vorfeld andeuten (man könnte die Mitarbeiter durchaus einfach
fragen, auch wenn man dabei die Vertraulichkeit beachten muss), sollte man
das ernst nehmen und die Transaktion überdenken. Es könnte ein fataler Fehl-
schluss sein, dass „wir die Probleme schon irgendwie lösen werden, wenn das
Closing erst durch ist." Manchmal sind die lukrativsten Transaktionen tatsächlich
diejenigen, die man nicht macht.

6.3.2   PMI als Chefsache

Dass eine B&B-Transaktion erst mit der PMI zum Erfolg wird, bestreitet eigentlich niemand. Dann sollte die PMI auch auf derselben Ebene angesiedelt sein wie
die B&B-Transaktion selbst. Es ist entscheidend, dass die Firmenführungen des
Add-ons und der Plattform die PMI als eigene Aufgabe und als Hauptaufgabe
betrachten und nicht auf untere Ebenen abschieben, denen häufig dafür keine
zusätzlichen Ressourcen (insbesondere Zeit) zur Verfügung gestellt werden.

Ein detaillierter Zeitplan zur Umsetzung der PMI sollte idealerweise bereits
vor dem Closing von beiden Unternehmensführungen diskutiert und beschlossen
werden. Nur so werden (hoffentlich) auch Probleme deutlich, die die Transaktion
insgesamt in Zweifel ziehen können und die ansonsten erst nach dem Closing
zutage treten, wenn eine Rückabwicklung praktisch nicht mehr infrage kommt.
Die Umsetzung des Plans sollte regelmäßig von allen involvierten Unternehmensführungen (Plattform und Add-ons) kontrolliert und gegebenenfalls angepasst
werden. Allerdings kostet das erhebliche Zeit des Topmanagements aller Tochterunternehmen, die bei der Berechnung der Synergieeffekte selten berücksichtigt
wird.

Schon hier ist auf bestimmte Sprachregelungen zu achten: Spricht das Top-
management nur von der „Übernahme", werden das die nachfolgenden Ebenen

auch tun, was den Übernommenen nicht immer gefallen wird. Besser ist es, von „Integration" zu reden und dabei zu betonen, was das Add-on mitbringt.

6.3.3 PMI als Hauptaufgabe

In vielen Fällen ist PMI eine Aufgabe, die Mitarbeitern aller Ebenen zusätzlich aufgelegt wird, und das bei eher schwammiger Definition („Koordiniere Entwicklung bei Add-on 1 mit Entwicklung bei Add-on 2").

Sinnvoll erscheint es dagegen, PMI für einzelne Mitarbeiter zur Hauptaufgabe bzw. zur einzigen Aufgabe zu machen. Diese Mitarbeiter sollten PMI mit der gleichen Fokussierung und der gleichen Unterstützung der Unternehmensführung betreiben wie die rechtliche Transaktion zuvor. Sie müssen die generellen Aufgaben der PMI in Einzeljobs aufteilen, Mitarbeitern zuteilen, Fristen für die Erfüllung der Einzelaufgaben berechnen und die Einhaltung der Erfüllung kontrollieren.

Es kommt auch die Mandatierung von externen Beratern infrage, die das „Change-Management" mit einer Außenperspektive betreiben. Das alles mag teuer und aufwendig sein und die Qualität der Berater unterschiedlich. Aber das galt für die vorhergehende rechtliche Transaktion ebenfalls, und erst mit dem Gelingen der PMI stellt sich der wirtschaftliche Erfolg von B&B ein.

6.3.4 ESOP/VSOP

Ein wirksames Mittel, Mitarbeiter während der PMI zu binden, ist schlicht die Hoffnung darauf, dass sich die zusätzliche Anstrengung am Ende auch auszahlt.

Häufig werden daher im Zuge einer B&B-Transaktion Optionen auf echte Anteile (Employee Stock Option Programm/ESOP) oder virtuelle (schuldrechtliche) Beteiligungen (Virtual Stock Option Programm/VSOP) an entscheidende Mitarbeiter (Key Employees) der Targets ausgegeben. ESOPs/VSOPs werden sinnvollerweise auf der Ebene der Holding eingerichtet. Das soll den Fokus der Mitarbeiter, der bisher auf dem Erfolg des einzelnen Unternehmens lag, auf den Erfolg der Unternehmensgruppe als Ganzes richten.

ESOPs/VSOPs werden Mitarbeiter nicht über Jahre halten, wenn die Koordinationsprobleme nicht gelöst werden können und sich der Erfolg der Unternehmensgruppe nicht einstellt. Aber sie sind ein probates Mittel, um Key Employees während der Durchstrecke in der Anfangsphase der PMI zu motivieren und den Blick auf das große Ganze der Unternehmensgruppe zu richten.

6.3.5   Persönliche Beziehungen

Man kann im Arbeitsleben viel über Chats, E-Mails, Telefonate und Videokonferenzen regeln. Aber eines kann man damit nicht: persönliche Beziehungen und Vertrauen schaffen. Das geht, gerade bei sprachlichen und (unternehmens-) kulturellen Unterschieden, nur über persönliche Treffen.

Es reicht daher nicht, dass nur die PE-Manager und Top-Manager der Unternehmensgruppe regelmäßig zwischen der Plattform und den Add-ons hin- und herreisen. Das müssten alle Mitarbeiter, die die PMI umsetzen sollen, und das heißt am Ende eben: praktisch alle Mitarbeiter. Das wird in der Regel auch über Firmengruppe-Events, Workshops, Akademien etc. versucht. Aber der Aufwand und die Kosten dafür werden doch meist unterschätzt.

Daher sollte man eines unbedingt beim B&B einplanen: einen sprunghaften Anstieg der Reisekosten. Wer das nicht tut, riskiert das Scheitern der PMI, weil sich Plattform und Add-ons im buchstäblichen Sinne fremd bleiben.

Schlussbemerkung 7

Es ist keine Frage, dass B&B ein überzeugendes Geschäftsmodell ist. Die steigende Verbreitung bezeugt das. Die Chancen lassen sich allgemein (z. B. Abbau von „Wasserkopf", effektive Nutzung gemeinsamer Ressourcen) und speziell (z. B. Erweiterung des Kundestamms bei komplementären Produkten) leicht darlegen.

Allerdings werden die Risiken und Kosten häufig unterschätzt. Kein PE-Fonds vergisst darauf hinzuweisen, wie entscheidend PMI für das Gelingen ist, aber wohl jede B&B-Transaktion wird während der Transaktionsphase mit mehr Einsatz und Enthusiasmus betrieben als während der PMI, und das nicht nur nicht von PE-Fonds, sondern bei jeder Fusion. Dabei wäre es Pflicht, Firmenfusionen „vom Ende her", also von der PMI her zu denken und sie in den Mittelpunkt zu stellen. Kosten für dediziertes Personal für die PMI, Schulungen/Workshops, Reisekosten, die Ablenkung des Topmanagements etc. sind erheblich, ebenso die nur schwer messbaren prozeduralen Kosten der Vereinheitlichung. Reibungsverluste werden in jedem Fall auftreten. All dies sollte eingepreist und eingeplant werden.

Für Unternehmensinhaber ist B&B eine willkommene Exit-Gelegenheit. Allerdings gilt es zu beachten, dass es hier zwei Exits gibt: Der erste Exit beim Closing der B&B-Transaktion mit partiellem Cash-Out und den zweiten, allgemeinen Cash-Out beim Exit des PE-Fonds inklusive der Rückbeteiligungen, d. h. beim Verkauf der Holding circa fünf bis sieben Jahre später. Den Gründern muss klar sein, dass sie nach dem Closing der B&B-Transaktion die Kontrolle über ihr Unternehmen verlieren und auch über die Rückbeteiligung keine (wesentliche) Kontrolle über die Unternehmensgruppe erhalten. Die Gründer sollten Konzept und Kompetenz des PE-Fonds genau prüfen, denn zwischen B&B-Transaktion

M. Franz, *Buy & Build-Transaktionen*, essentials,
https://doi.org/10.1007/978-3-658-49361-5_7

und Exit können die Gründer dem PE-Fonds nur vertrauen und faktisch kaum noch Einfluss nehmen. Ein hoher Cash-Anteil ist aus Gründersicht in jedem Fall wünschenswert.

Was Sie aus diesem *essential* mitnehmen können

- PE-Fonds wollen bei Buy & Build-Transaktionen Unternehmensgruppe bilden und Wertsteigerungen durch Synergieeffekte und Effizienzsteigerungen der gesamten Unternehmensgruppe erreichen. Dafür gibt es typische Fallgruppen, die in manchen Branchen besonders gut passen.
- Buy & Build-Transaktionen müssen von ihrem Ende her gedacht werden, der Post-Merger Integration. Die rechtliche Transaktion eröffnet nur eine Chance auf Effizienzsteigerung. Die Realisierung dieser Chance beginnt erst nach der Akquisition. Dabei müssen die typischen Kosten und Risiken der PMI von Anfang realistisch eingeschätzt werden.
- Wegen der typischen Fremdfinanzierung von Buy & Build-Transaktionen kommt als Targets nur Firmen mit stabilem EBITDA infrage, denn die Erträge der Targets sollen die Fremdfinanzierung tragen.
- Buy & Build-Transaktionen sind in der Regel Share Deals (Anteilskäufe) und Buy-Outs (hundertprozentige Verkäufe).
- Die Pflicht zur Anmeldung der Übernahme bei Bundeskartellamt ist routinemäßig zu prüfen.
- Die Gründer werden teils in Geld (Cash-Out), teils in Rückbeteiligungen an der Holding (Rollover, Share Swap) bezahlt. Dabei werden die Gründer häufig in Rückbeteiligungsgesellschaften gebündelt.
- Die Gründer mit Rückbeteiligungen treten Shareholder Agreements der Holding bei, die kaum verhandelbar sind, da sie für alle Inhaber von Rückbeteiligungen gelten müssen.

M. Franz, *Buy & Build-Transaktionen*, essentials, https://doi.org/10.1007/978-3-658-49361-5

- Es gibt für Gründer mit Rückbeteiligungen zwei Exits: einen ersten (Teil-) Exit bei der Akquisition des Targets, und einen zweiten, endgültigen Exit beim Verkauf der gesamten Unternehmensgruppe durch den PE-Fonds. Chancen und Risiken der beiden Exits unterscheiden sich erheblich und sind separat zu bewerten.

Literatur

Bundeskartellamt (2025). *Fusionskontrolle*. https://www.bundeskartellamt.de/DE/Aufgaben/Fusionen/fusionen_node.html. Zugegriffen: 26. Mai 2025.

Engelhardt, C. (2023). *Mergers & Acquisitions. Strategien, Abläufen und Begriffe im Unternehmenskauf*. 2. Auflage. Springer Gabler.

Habdank, P. (2022): *Private Equity und der Mythos Buy & Build*. https://www.whatsup-corporate-finance.de/private-equity/2022/06/private-equity-und-der-mythos-buy-und-build-28/. Zugegriffen: 26. Mai 2025.

Hahn, C. (2023). *Virtuelle Mitarbeiterbeteiligung. Grundlagen, Aufbau und praktische Formulierungsbeispiele*. 3. Auflage. Springer Gabler.

MacArthur, H. et al. (2023): *Global Private Equity Report 2023*. Bain & Company.

Reis, J. & Becker, A. (2023): *Buy-and-Build-Strategie. Wachstum und Wertsteigerung durch M&A*. https://www.roedl.de/themen/ma-dialog/2023-08/buy-and-build-strategie-wachstum-wertsteigerung-ma#:~:text=Innerhalb%20von%20zehn%20Jahren%20(2012,6%25%20auf%2015%25%20an. Zugegriffen: 26. Mai 2025.

Roberts, S. & Naydenova, E. (2020): *Private Equity Trend Report 2020*. PricewaterhouseCoopers GmbH.

Scheuermann, S. (2023): *Buy and Build Strategien – Statistiken und Insights 2023*. https://www.datenmarkt.de/buy-and-build-strategien/. Zugegriffen: 26. Mai 2025.

Statistisches Bundesamt: *Handwerk. Strukturdaten 2022*. https://www.destatis.de/DE/Themen/Branchen-Unternehmen/Handwerk/aktuell-struktur-handwerk.html#:~:text=Mit%20durchschnittlich%204%20tätigen%20Personen,geprägt%20als%20die%20anderen%20Gewerbegruppen. Zugegriffen: 26. Mai 2025.

Will, D. *Die 6 Schritte einer Buy & Build Strategie*. https://neomerge.de/blog/buy-and-build-strategie. Zugegriffen: 26. Mai 2025.

The manufacturer's authorised representative in the EU is Springer
Nature Customer Service Centre GmbH, Europaplatz 3, 69115 Heidelberg,
Germany. If you have any concerns regarding our products, please
contact ProductSafety@springernature.com

Printed and bound by CPI Group (UK) Ltd, Croydon, CR0 4YY
30/04/2026
02100209-0001